図解ポケット

Shuwasystem
A book to explain
with figure
: Library

即断即決の意思決定法

OODA ウーダ

よくわかる本 が

OZAWA Takahiro
小澤 隆博 著

秀和システム

はじめに

「**赤信号みんなで渡れば怖くない**」というビートたけしさんの言葉が '80年代に流行りました。驚いたことに、私が '90年代に中国を訪れたときに、中国の友人がまったく同じ言葉を使っていました。当時、中国では赤信号を無視して集団で道路を横断する現象は、当たり前に横行していました。集団の中では、気持ちも大きくなりリスクに気づきにくい傾向があります。

海外で、「**電車の車内で火事が発生したのに、みんなが逃げないから大丈夫だろうと、逃げなかった車両の人たち全員が死亡してしまった**」という悲しいニュースがありました。「みんなが逃げないから大丈夫だろう」と考えて、リスク状態に気づけなかったことから起きた大惨事でした。

私はそれを知ったとき、この人たちに、**正しい状況判断をして、スピード感をもって行動できる**「OODA（ウーダ）ループの意思決定の知識があれば助かったかもしれない」と、とっさに思い「**後悔しない意思決定の大切さ**」を知りました。

ビジネスなどの、目的達成のフレームワーク（枠組み）において「PDCAサイクル」は、日本では比較的浸透していると思います。ですが、現代のような感染症の脅威や戦争、円安、物価高などで、世界中が大混乱に陥るような時代は、いままでのような手法は通用せずに、変化の重要性を感じている人も多いことでしょう。このような、外部環境の変化が激しく、複雑で予測不能な現代を「**VUCA（ブーカ）の時代**」といいます。元々は軍事用語ですが、昨今のような変化が激しく先行きが不透明な時代に、ビジネス分野においても使われ始めています。このように、外部環境の変化が激しく社会

の価値や経済のしくみが一変する時代に、組織として臨機応変な行動を取るには、現場での判断力・決断力の向上が不可欠になります。変化が激しく、先行きが見えずに「計画」や「目標」が立てづらい時代に、PDCAサイクルとはまた別のメソッドが昨今、注目され始めています。

それが本書でご紹介する**「OODAループ」という意思決定モデル**です。OODAループとは、観察➡状況判断➡意思決定➡行動を繰り返す意思決定のフレームワークです。アメリカ空軍のジョン・ボイド大佐により提唱され、航空戦の意思決定において、非常に効果を発揮した実践的な理論です。一瞬の判断の遅れで命を落としてしまう戦場において編み出された結果、**状況に対し臨機応変に素早く対応できる仕組み**になっています。先行きが見えない時代に、**「様々な環境の変化に対して、柔軟にスピード感を持って正しい意思決定を行うためのフレームワーク」**のOODAは、急速にその重要性が認識され始めています。

OODAループを、ビジネスに活用することで、**「組織の成長スピードの高速化」**や**「DX（デジタルトランスフォーメーション）の推進」**などにおいても高い効果が期待できます。計画から始まるPDCAは事前準備が必要で、現場での臨機応変な対応がしにくい、というデメリットがあります。一方OODAは観察から始まるため、現場で柔軟に対応できます。さらに、OODAループを高速で回して改善を繰り返していけば、変化に対して瞬時に臨機応変な対応が可能になり、素早く適切な決断をすることができるようになるため、現場の問題解決能力が向上します。

そこで本書では、変化の早いビジネス環境で、重要な判断や決断を迅速かつ柔軟に行うための意思決定プロセスとして知られる、「OODAループ」のビジネスや様々なマネジメントに活かすための手法を、図解や事例を交えて具体的に解説していきます！

　「前途多難」で「暗雲低迷」な時代においても、業績向上などの目的を達成したいとお考えの皆さまにとって、新たな指針になれば幸いです。

2023年3月　小澤隆博

図解ポケット
OODAがよくわかる本

CONTENTS

CHAPTER 3 OODA実践の4つのステップ

CHAPTER 4 OODAの活用事例

CHAPTER 5 OODAを成功させるためには

CHAPTER 6 フレームワークを使い分けよう

OODAの基礎知識

変化の激しい今、有効な業務の進め方として注目されている「OODA（ウーダ）ループ（以下OODA）」とは、一体何なのか？

なぜ近年成果をあげるアメリカのシリコンバレーにある、多くのIT企業が軒並みOODAを使うのか？といった、様々な疑問やOODAの基礎知識について解説していきます。

OODA の基礎知識

いま注目されている「OODA」をご存じでしょうか？　様々な変化に合わせて柔軟に戦略を変えていく手法として、PDCAサイクルなどに代わる、「フレームワーク」（考えるべきポイントをパターンとして落とし込み、誰でもできるようにしたもの）として取り入れられています。ここでは、OODAの基礎知識を解説します。

1 OODA とは何か？

OODA とは、**Observe**（**観察**）・**Orient**（**状況判断、方向づけ**）・**Decide**（**意思決定**）・**Act**（**行動**）の頭文字をとって**ウーダ**といいます。状況が著しく変化する場面において、重要な判断や決断を迅速に行い、成果を得るための**意思決定のプロセス**です。

現在、ビジネスの場で多く使われている**フレームワーク**のひとつになります。OODA は状況への即応性に優れ、変化の速い現在の環境下で、チャンスを逃さないための重要な手法といえます。

2 企業や政治などでの「意思決定のプロセス」

OODA は、アメリカ空軍の**ジョン・ボイド大佐**によって提唱された**意思決定方法**です。元々は米国の空軍パイロットが、戦闘の勝率を高めるために、戦況に応じて素早く適切な判断ができるように考え出されたものでした。その後、効果と汎用性の高さから戦場だけではなく、多くの企業や政治など様々なシチュエーションでの「意思決定のプロセス」にも応用されるようになりました。

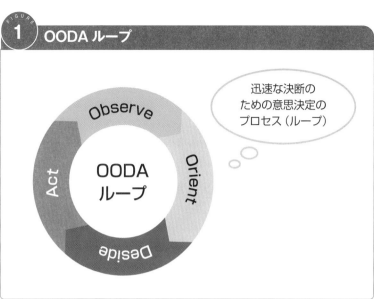

FIGURE 1 OODA ループ

Observe

Orient

Deside

Act

OODA ループ

迅速な決断の
ための意思決定の
プロセス（ループ）

FIGURE 2 OODAループを提唱したアメリカ空軍のジョン・ボイド大佐

素早く適切な判断が
できるように考案

OODA はなぜ注目されているのか

OODAの4つのステップと著しく変化する現代社会になぜ求められているのかを解説します。

1 OODA は4つのステップを繰り返す手法

OODA は、次の4つのステップを繰り返して行う手法です。

Observe（観察） ➡ Orient（仮説） ➡
Decide（意思決定） ➡ Act（行動）

この4つのステップを繰り返し実践すること、また、決まった方向に回すだけではなく、どこからでも前のステップに戻して回すことから **OODA ループ** と呼ばれています。

環境変化の激しい時代の中で、成果を出せる行動と組織づくりができるフレームワークとして OODA は注目を浴びています。

2 OODA はなぜ活用されるのか

従来のフレームワークでは、現代のような刻一刻と環境が変化する時代において、成果を出すことが難しくなってきました。

社会の変化のスピードは年々速くなっていくばかりで、特にコロナ禍では、これまでの経済のしくみや社会の価値観が一変しました。このような時代は外部環境の変化が非常に激しく、複雑で予測不能な **VUCA（ブーカ）** の時代であるといわれます。

激しい環境変化に対し、組織として臨機応変な行動を取るためには、管理職や経営層の判断力・決断力の向上が欠かせません。

　そこで、組織の成長スピードを高速化させるために重要な判断や決断を迅速に行うための「意思決定のプロセス」として知られるOODAを、ビジネスやマネジメントに活かすことが必要となります。

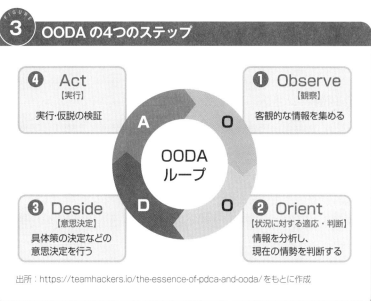

FIGURE 3　OODA の4つのステップ

❹ Act【実行】
実行・仮説の検証

❶ Observe【観察】
客観的な情報を集める

A　O

OODA
ループ

D　O

❸ Deside【意思決定】
具体策の決定などの
意思決定を行う

❷ Orient【状況に対する適応・判断】
情報を分析し、
現在の情勢を判断する

出所：https://teamhackers.io/the-essence-of-pdca-and-ooda/ をもとに作成

FIGURE 4　VUCA

Volatility
（変動性）

Uncertainty
（不確実性）

VUCA

Complexity
（複雑性）

Ambiguity
（曖昧性）

出所：https://www.asahi.com/sdgs/article/14663680をもとに作成

OODA はどんなときに役立つのか

OODAをビジネスに取り入れれば、どのように役に立つのでしょうか。「店舗ビジネス」や「商品販売」を例にとって説明してみましょう。

1 店舗ビジネスへの活用

　店舗ビジネスの場合には、営業時間について OODA を活用することができます。お昼の12時から深夜1時まで営業している飲食店があるとします。まずは Observe（観察）で「どの時間帯にお客様が来られるのか」というデータを取ります。その結果を見て、夜10時以降はほとんど来店しないというデータが取れたとします。そうすると「夜10時に閉店することで、人件費を抑えられて利益率が伸びるのではないか」といった仮説を立てられます。これが Orient（状況判断）です。そして実際に Decide（意思決定）として「お店の営業時間を夜10時までに変更する」と決めます。そこから実際に Action（実行）します。そして、OODA "ループ" ですので、実行した結果新たなデータが集まります。そこからまた仮説を立てて、意思決定と行動をしていきます。

2 商品販売への活用

　店舗ビジネスの場合と同じように、まずは「観察」をします。売りたい商品のターゲットは誰なのか、実際に売れている層はどこなのかのデータ取りをします。その結果、実際はターゲットとしていた年齢や性別ではなく、違う年代である場合もあります。

その結果を踏まえ「実際はこちらの方が売れるのではないか」と仮説を立てます。そして実際にターゲットを変更する意思決定をして、商品販売のアプローチ（広告や宣伝方法など）を修正していきます。

このように、ビジネスの改善に役立てることができます。

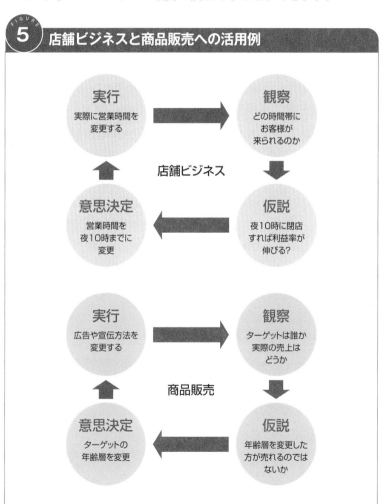

FIGURE 5 **店舗ビジネスと商品販売への活用例**

店舗ビジネス

実行
実際に営業時間を
変更する

観察
どの時間帯に
お客様が
来られるのか

仮説
夜10時に閉店
すれば利益率が
伸びる?

意思決定
営業時間を
夜10時までに
変更

商品販売

実行
広告や宣伝方法を
変更する

観察
ターゲットは誰か
実際の売上は
どうか

仮説
年齢層を変更した
方が売れるのでは
ないか

意思決定
ターゲットの
年齢層を変更

OODA を組織に取り入れるメリット

OODAを組織にとり入れたら、どのように役に立つのでしょうか？ どのような場面で使えばメリットがあるのかを解説します。

1 OODA の組織活用

OODA は組織において、どのように活用できるのでしょうか？

OODA を組織で活用するに当たって、一番のメリットといえるのは、「短期間で効率的に意思決定と行動ができること」にあります。ビジネスをしていく上で、緊急事態やトラブルを完全に予測して避けることは不可能といえるでしょう。大切なのは、トラブルに対する対応なのです。その緊急事態やトラブル対応に対して OODA は有効的です。OODA では、その場の状況観察をして、仮説を立て、意思決定し、実行に移すため、実行までが非常に早くできます。経営者やマネジメントする側だけではなく、現場で最も実践的に活用できるフレームワークともいえます。

2 OODA の活用場面

このように OODA は、中長期的な計画や年次計画というよりも、現場において「日々の業務ルール」や「変化に即応するような業務」に対して最適になります。

組織を発展させていくのは、経営サイドからのトップダウンとは限りません。現場からの意見や行動によって改善して発展していく場面も大いにあります。ご自身の組織に OODA を当てはめて、どのような改善ができるか考えてみましょう。

FIGURE

6 OODA の組織活用

Observe

観察、情報収集

自社の状況を確認、
情報収集

Orient

状況、方向性判断

収集した情報を基に
仮説設定

Deside

意思決定

仮説を基に意思、
施策決定

Act

行動、実行

決定したことを
実行

出所：https://www.mdsol.co.jp/をもとに作成

OODA ループのメリット

OODAは様々なビジネスにおいても、1つの業種に限らずに使えるものです。また、時代背景がどのようなものであっても、その時々にあった臨機応変な対応ができるのがOODAのメリットです。

1 PDCA の特徴

PDCA サイクルも同じように、様々な業種や用途で使うことができますが、迅速に解決したい問題には不向きです。「時間をかけて計画を立てる必要のある、中長期的な計画に対して効果を発揮する」のが PDCA です。

2 PDCA のデメリット

PDCA は中長期的な計画であることから、もし途中で変更したいと思っても、次のサイクルまで続けるか、長期間にわたって計画を変更する必要が出てきます。そのため、なかなか後戻りができません。

さらに、ほとんどの場合、決められたことを行うだけなので、現場の意識が低下する可能性があります。組織全体で成長をしていきたい、現場から良いアイデアをもらいたい、といった場合にはPDCA サイクルはあまり向いていないかもしれません。

PDCA と OODA は何が違うのか。あらためて OODA ループのメリットをしっかりと理解することで、なぜOODA ループが機能するのか、その理由もわかるようになります。

反復サイクルの使い分け

「PDCA」は戦略的、「OODA」は運用的な行動計画に向いています。

PDCA

大きなサイクルで計画を立て、途中で状況を分析して改善策を考え、その後の活動に反映する
➡中長期計画、年次計画、月次計画

OODA

PDCAよりも短いサイクルで計画を立て、実行＆評価が簡易に行う
➡週次作業予定、日次作業予定

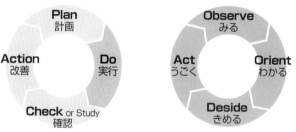

Plan 計画
Do 実行
Check or Study 確認
Action 改善

Observe みる
Orient わかる
Deside きめる
Act うごく

出所：https://note.com/juntoku_y/n/n1b91907a0ce4をもとに作成

PDCA と OODA の比較

	PDCA	OODA
手法の種類	「HOW」を見つけるフレームワーク	「What」を見つける思考法
もともとは	生産管理・品質管理の手法	戦場で勝利するための意思決定法
前提条件	計画実行を前提	予想外のことが起きることを前提
目的	前提条件の見直し	制約・前提条件のもとにパフォーマンス向上
向いている課題	決められた工程をいかに効率よく低コストで進められるか	現状からいかに最前の判断を下し、即座に行動をおこせるか
スピード感	計画→評価→改善計画で時間がかかる	現場で高速に回すことが大事

出所：https://www.r-staffing.co.jp/cl/column/ct_920をもとに作成

メリット① 厳しい状況下でも臨機応変な対応が可能

1つ目のメリットは、「厳しい状況下でも臨機応変な対応が可能」ということです。昨今のコロナ禍でも、飲食店や旅行業など多くの業種が厳しい状況に陥りました。しかし、このような厳しい状況でこそ、OODAの真価が発揮されるのです。

1 ビジネスや人生に「絶対」はない

OODA は元々、戦闘機のパイロットが使うために作られたものでした。パイロットは、気象状況や周囲の環境という常に安定しない厳しい状況下で戦っています。パイロットによって、知識や経験に差があったり、敵の飛行機の種類や敵の訓練レベルや手に入らない情報もあったりします。

そのため、そもそもビジネスや人生において、「絶対」ということはそうそうありません。ある意味、「神のみぞ知る」ともいえるでしょう。「3ヶ月後には必ずこうなっている！」と決めつけて計画や行動を起こしてしまうと、取り返しのつかないことになるかもしれません。

2 意思決定を恐れない

コロナ禍といわれ始めた2020年1月は、誰もが新型コロナウイルスという存在について、知識も経験もなく不安な状態でした。しかし、そのような状態で、先行きがわからないからといって「行動」を何も起こさないと、観察だけで終わってしまい、すぐに敵にやられてしまいます。次の節では、厳しい状況下でどのような対応が求められるか、より詳しく解説します。

こういった状況は、意思決定をする際、「判断を間違うことを恐れている場合」に起こってしまいます。ただ、時間は待ってはくれませんので、厳しい状況下でも「行動」を避けることはできません。

東京都での新型コロナウイルス感染症（COVID-19）推定感染場所別の月次推移

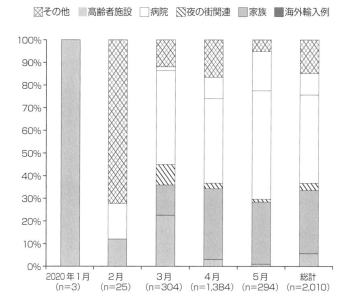

2020年1月1日〜5月24日（2020年5月25日現在）、感染リンク判明例 n=2,010

凡例：⊠その他　▨高齢者施設　□病院　⧄夜の街関連　▨家族　■海外輸入例

横軸：
2020年1月（n=3）　2月（n=25）　3月（n=304）　4月（n=1,384）　5月（n=294）　総計（n=2,010）

「夜の街関連」の症例定義：飲食・酒類の提供を伴う夜間営業形態の店舗（キャバレー、ナイトクラブ、ホストクラブ、スナック、バー、ライブハウスなど、接待の有無を問わない）の従業者および利用者等であり、他に感染が推定される場所が判明していない症例

出所：https://www.niid.go.jp/niid/ja/diseases/ka/corona-virus/2019-ncov/2502-idsc/iasr-in/9818-486d01.htmlをもとに作成

不確実な厳しい状況下での原則

OODAを提唱したジョン・ボイドは、不確実な厳しい状況下での対応について3つの重要な原則があると言及しました。

1 3つの重要な原則

不確実な厳しい状況下での重要な原則は、次の3つです。

①ゲーデルの不完全性定理

②ハイゼンベルクの不確定性原理

③熱力学の第二法則

2 3つの要素を理解して臨機応変に対応をする

①の**ゲーデルの不完全性定理**は、1930年頃にクルト・ゲーデルによって提唱された定理であり、不完全性定理にも第一不完全性原理と第二不完全性原理があります。簡単にお伝えすると「結局何が真実かはわからない」という内容です。

OODAにおいて、どのような判断をしたとしても、それが正解か不正解かを証明することはできません。パイロットが戦闘中に何が起こっているのかについて、後から考えたとしても常にギャップがあり、100%の正解は存在しないという内容です。似たようなニュアンスで**嘘つきのパラドックス**などもあります。

②の、**ハイゼンベルクの不確定性原理**は、簡単にいうと「2つのことを、同時に知ることができない」というものです。

戦闘中のパイロットは、パイロットが敵の位置に集中しすぎると、敵機がどこに向かっているのかを見失うように、「変わっていく2つ

のことを追跡するとどちらかが分からなくなること」をいいます。

3つ目にボイドが重要な原則として挙げたのが、③の**熱力学の第二法則**です。ボイドは外からの情報をエネルギーとして捉え、情報を引き出すことによって、最大限のパフォーマンスが発揮されると考えました。これらのボイドが重要としている3つの要素を理解することで、どのような状況下であっても、臨機応変な対応ができるようになっていくでしょう。

10 ゲーデルの不完全性定理

第1不完全性原理
・「ある矛盾のない理論体型の中に、肯定も否定もできない証明不可能な命題が、必ず存在する」

第2不完全性原理
・「ある理論体系に矛盾がないとしても、その理論体型は自分自身に矛盾がないことを、その理論体系の中で証明できない」

出所：http://www.eclat.cc/home/enmasama3/diary/2015/08/1438358386.html をもとに作成

11 ハイゼンベルクの不確定性原理の概念図

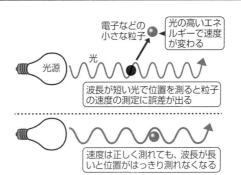

出所：https://paipudes.exblog.jp/17225876/をもとに作成

メリット② スピード感を持って意思決定ができる

戦闘機で戦うパイロットにとって、戦いながら色々考えている時間はありません。1つ解決したら立て続けに問題があり、多くの意思決定を繰り返していかなければなりません。その中で、「スピード」は一番大切な要素になります。競合他社よりも「素早く意思決定サイクルを回す」ことで、勝利する可能性が高まります。

1 相手のループから外れる

OODA は「Observe」の外部状況を観察することから始まるため、災害時や機動力を問われる予測不能なプロジェクトなどの行動を素早く行えるという特徴があります。外部の状況に合った臨機応変な対応ができるため、スピードが速いというメリットがあります。

さらにスピード感を持つメリットとして、「相手のループから外れる」といった良い面があります。「相手の立てた計画（考え）から自分自身を外す」ということです。そうすることで、相手は想定していない出来事が起きたことにより、パニックを起こし、自分自身がとても優位な立場を得ることができます。

ループが早ければ早いほど、環境の観察、方向決め、意思決定のそれぞれが早くなり、より多くの情報を得ることができます。OODA を高速で回すことによって、敵に混乱状態を引き起こすことができるとボイド氏はいっています。

12 外部状況を把握して素早く行動に移す

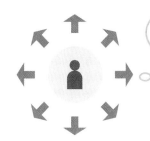

外部の状況に
合わせて臨機応変
に対応

外部環境を把握

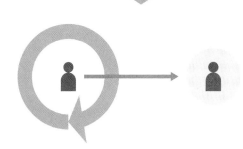

相手のループの外へ出ることができる

ループが早ければ早いほど、
環境の観察、方向決め、意思決定のそれぞれが早くなり、
より多くの情報を得られる

CHAPTER
1 OODAの基礎知識

25

メリット③
自発的に動けるようになる

OODAは「個々の判断」の割合が多くなります。組織として改善サイクルを早め、成長を加速させるためには、現場一人ひとりの能力を認められる環境作りが必要になります。

1 現場に委ねて自発的に動ける環境作りをする

OODA はその性質から「組織としての判断」より、「個々の判断」の割合が多くなります。トップダウンで動いてきた組織にとって、現場の人に任せるというのは難しく思われるかもしれません。しかしながら、組織として改善サイクルを早め、成長を加速させるためには、「現場一人ひとりの能力を認めて」各個人が自発的に動けるような環境にしていく必要があります。

例えば、アプリ開発の現場でも OODA は使われています。有名な企業でいえば、GoogleやFacebook、NetflixやTwitterなど、様々な企業が PDCA では時間がかかりすぎるという理由から、アプリ開発で年間何百回〜何千回もの改善サイクルを回しています。

Twitter の例でいえば、2週間に1回ループを回していたものを、OODA を使って週に10回行うことにより、急激な成長をしました。これは各社の現場担当者・開発者に委ねているからこそできるスピード感といえます。

2 自発的に動く工夫

その他にも、おもしろい例としてGoogleがオープンソース ソフトウェアの欠陥を見つけた人に報奨金を渡して、ソフトウェア開発の最前線の開発者たちの、モチベーションアップに繋げている例もあります。

OODAが組織に染み付くことで、各自が自発的に動けるようになることは、組織としてみても大きなメリットであるといえます。

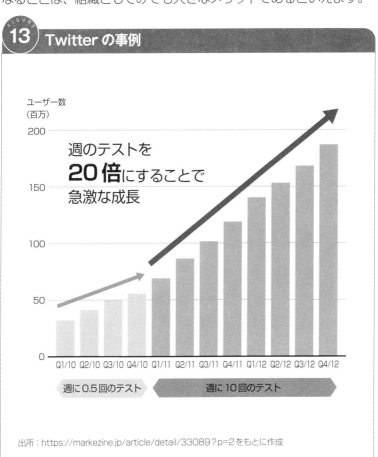

FIGURE 13 Twitterの事例

ユーザー数
（百万）

週のテストを
20倍にすることで
急激な成長

週に0.5回のテスト　週に10回のテスト

Q1/10 Q2/10 Q3/10 Q4/10 Q1/11 Q2/11 Q3/11 Q4/11 Q1/12 Q2/12 Q3/12 Q4/12

出所：https://markezine.jp/article/detail/33089?p=2をもとに作成

Web3時代の新たな組織形態

いままでの会社組織を改善するために、OODAを使うのはもちろんですが、Web3時代において新しい組織形態として注目されているDAOでは特にOODAのメリットが顕著にあらわれます。

1 DAO と OODA は相性が良い

CHAPTER2でも詳しく解説しますが、**DAO** とは、特定の人物が組織のトップに立ついままでの組織形態とは別で、プロジェクトに参加をしている全員に投票権があり、意見が反映される組織のことです。

DAO ではプロジェクトに貢献した度合いに応じて、もらえるトークンが変わることがほとんどです。つまり、貢献すればするほど、報酬も多くなり意見も反映しやすくなります。

ですので、必然的に参加者自身が自発的に動く DAO と OODA は相性がとても良いといえます。

2 個人も組織も活性化する

通常の組織では、最初から自発的に動ける人材は少ないかもしれません。しかし、個々がそれぞれの最適な判断で意思決定し、行動を起こせるようになれば、個人も組織も大きく成長して、活性化されていきます。

このようなメリットがある OODA を取り入れないのは、目の前にあるとわかっている金塊を掘り出さないことと同じです。本書を読んでいただいているあなたには、ぜひこの金塊を掘り出してほしいと思っています。

FIGURE 14 Web3で加速する、分散型クリエーターエコノミー

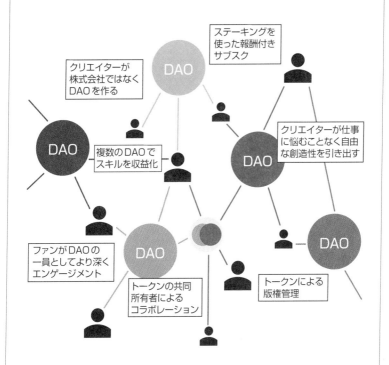

クリエイターが
株式会社ではなく
DAO を作る

ステーキングを
使った報酬付き
サブスク

複数のDAOで
スキルを収益化

クリエイターが仕事
に悩むことなく自由
な創造性を引き出す

ファンがDAOの
一員としてより深く
エンゲージメント

トークンの共同
所有者による
コラボレーション

トークンによる
版権管理

DAO は参加者が自発的に動く

出所：https://prtimes.jp/main/html/rd/p/000000036.000018679.htmlをもとに作成

ピーディーシーエー
PDCA サイクル

日本では有名なフレームワークである「PDCA」をご存じの人も多いと思います。また、「PDCAとの違いがよくわからない」という人もいるかもしれません。ここでは「OODA」と「PDCA」の違いについて解説します。

1 PDCA サイクルとは

PDCA（ピーディーシーエー）とは、

Plan（計画）➡ Do（実行）➡ Check（評価）➡ Action（行動）

を行い改善をしていくサイクルのことをいいます。

生産や業務をする中で、改善するべき部分を特定して変更するために生まれたモデルです。連続的なフィードバックが行えるようにサイクルを回し、PDCA サイクルというモデルが生まれました。

PDCA の特徴は、1つひとつの計画に対して、改善までを繰り返していき、時間をかけながら品質を改善していくことです。

2 PDCA サイクルとの違い

OODA は、元々パイロットが戦況に応じて、素早く適切な判断ができるように考え出された意思決定のプロセスです。PDCAには、決められた工程がありますが、OODA は状況に応じて迅速に実行していくという違いがあります。

組織での中長期的な大きな視点では PDCA を使いながら、日々の現場判断などは OODA を使い組み合わせることで、組織全体の改善スピードが格段に上がります。

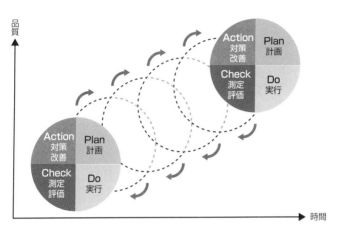

FIGURE 15 PDCA サイクル

出所：https://www.nri.com/jp/knowledge/glossary/lst/alphabet/pdca をもとに作成

FIGURE 16 PDCA サイクルと OODA ループの違い

PDCAサイクル

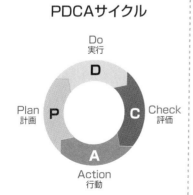

OODAループ

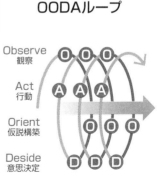

出所：https://toyokeizai.net/articles/-/462114 をもとに作成

DCAP サイクルと CAPD サイクル

ここでは、フレームワーク「DCAPサイクル」「CAPDサイク
ル」の説明と、「OODA」とのそれぞれの違いについて解説します。

1 DCAP サイクルとは

DCAP サイクルとは、PDCA サイクルとそれぞれの役割は同じ
ですが、まず Do（実行）から始めていくフレームワークです。

PDCA との大きな違いは、「習うより慣れろ」に近い感覚で、知
識などではなく、経験ベースで改善をしていくという考え方です。

DCAP では、改善したいプロジェクトに対して、「まずやってみて」
から改善案や計画を立てます。ですので、初めて挑戦することや不
確実性の高い内容に対して、DCAP は向いています。

2 DCAP サイクルとの違い

では、現場で判断して改善してく OODA とは何が違うのでしょ
うか。大きな違いは、DCAP は1つのミスが致命傷になるようなこ
とに対しては向いていないことです。仮に戦場で DCAP サイクル
を導入した場合は、すぐにやられてしまうことでしょう。

また、途中で変更ができない大規模なプロジェクトや、プロジェ
クトに関わる人数が多すぎて、それぞれ意思疎通が取りにくい場合
は DCAP は向いていないといえます。

3 CAPD サイクルとの違い

CAPD サイクルとは、PDCA や DCAP とそれぞれの役割は同じですが、まず、Check（評価）から始めていくフレームワークです。

これから新たにプロジェクトなどを行うときに使用する、PDCA や DCAP に対して、CAPD はすでに行われているプロジェクトや業務の改善に対して使用します。

他のサイクルと比べると、Check（評価）を重要視しているため、いままで行ってきたことに対しての改善に、PDCA よりも適応力が高いといえます。

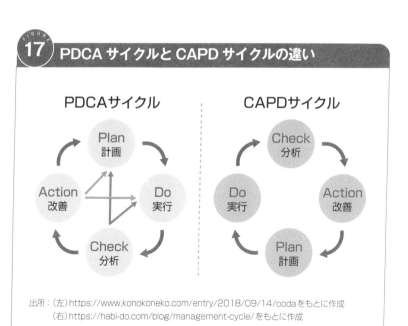

FIGURE 17 PDCA サイクルと CAPD サイクルの違い

PDCAサイクル

CAPDサイクル

出所：（左）https://www.konokoneko.com/entry/2018/09/14/oodaをもとに作成
（右）https://habi-do.com/blog/management-cycle/ をもとに作成

PDR サイクル

ここでは、フレームワーク「PDRサイクル」の説明と「OODA」との違いについて解説します。

1 PDR サイクルとは

PDR サイクルとは、Prep（準備）➡ Do（実行）➡ Review（評価）という流れで、従来の PDCA サイクルよりも一回のスパンを短くして、より早く改善を繰り返すためのサイクルです。

注目すべきは、Plan（計画）ではなく Prep（準備）という点です。Plan（計画）は具体的な数字目標を立てるのに対して、Prep（準備）は具体的な計画は後回しにして、とりあえず準備をします。

そして Do（実行）で具体的な行動を起こしていきます。そして、Check（評価）ではなく、Review（評価）である点は、どちらも日本語では"評価"であるため、少しわかりにくいですが、PDCA に使われる Check（評価）は計画に対して、ミスがなかったのか、不正はなかったかを確認するフェーズです。しかし Review（評価）の評価は、実際に行動をした人ではない人に客観的に評価をしてもらうという意味になります。

2 PDR サイクルとの違い

とりあえず挑戦してみないとわからないことは、PDCA サイクルよりも PDR サイクルが良いといえます。より短いスパンで改善することは OODA と似ていますが、状況を観察してから入る OODA に対して、PDR はいきなり準備から入るという違いがあります。

　ですので、現場ですぐに対応しなくてはならないような、スピード重視の課題に対してはOODA、目標やゴールがイメージできているもので、より短い期間で問題を解決したいことに対しては、PDRサイクルが適しているといえます。

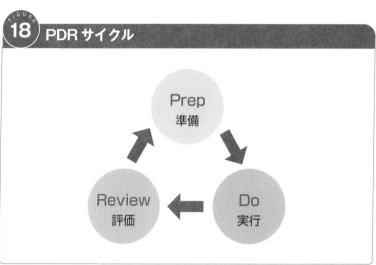

18 PDR サイクル

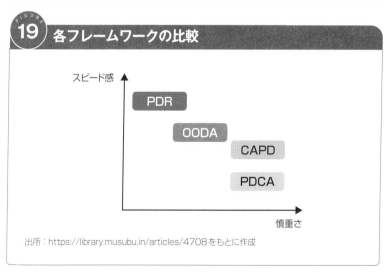

19 各フレームワークの比較

出所：https://library.musubu.in/articles/4708をもとに作成

PDS サイクルと STPD サイクル

ここでは、フレームワーク「PDSサイクル」「STPDサイクル」の説明と、「OODA」とのそれぞれの違いについて解説していきます。

1 PDS サイクルとの違い

PDS サイクルとは、Plan（計画）➡ Do（実行）➡ See（評価・見直し）のサイクルのことをいいます。PDS サイクルの特徴は、PDCA の「CA」を「See」（評価、見直し）に凝縮している点です。計画、実行のあと、「評価と見直し」を同時に行います。

短いスパンでサイクルを回すことが可能なため、短期間でのプロジェクトや目標達成のために対して使えるサイクルです。

PDCA とは基本的に同じであるため、OODA と比べるとトップダウンでの改善サイクルとなり、現場の意見・考えが反映されるまで時間がかかります。

2 STPD サイクルとの違い

STPD サイクルとは、See（評価、見直し）➡ Think（分析）➡ Plan（計画）➡ Do（実行）のサイクルのことをいいます。STPD サイクルでは、すでにある問題や課題に対して、「評価・見直し」をしてから計画を立てていきます。OODA は現場での迅速な判断行動を重要視していたのに対して、STPD サイクルは、スピードよりも客観的なデータに対して問題を洗い出して改善するかを優先しています。経営危機に陥った「いすゞ自動車」も、この STPD サイクルを使用して売上を黒字転換させたといわれています。

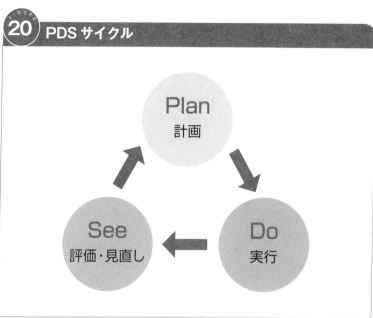

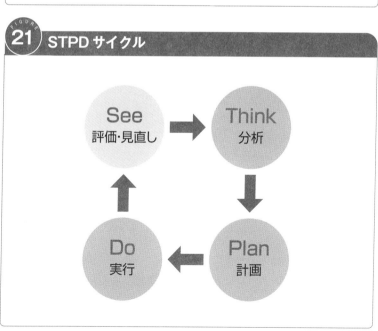

「PDCA」を使うのは
世界で日本だけ!?

　日本のフレームワークでメジャーな「PDCA」は、実は海外ではほとんど通じないことはご存じでしょうか。「PDCAは英語だから、英語圏の人はみんな知ってるんじゃないの?」と思われているかもしれません。

　PDCAは、1950年代に提唱されたものですが、アメリカやその他の国ではほとんど「PDCA」といっても通じません。実際に私が、アメリカ・シンガポール・マレーシア・中国などで仕事をしていたときも、PDCAはほとんど通じなく大変困惑しました。逆に、アメリカでは日本発の「カイゼン」は通じるという逆転現象が起きていました。

　実際、アメリカでは1950年代から製造業の一部では、PDCAサイクルなどの手法が使われていたようです。しかし、1980年代頃になると、アメリカの製造業が衰退してきたため、そこから生産性を向上させるための手法を次々に生み出す中で、PDCAは埋もれてしまった背景があります。

　一方、日本では「ビジネスを改善するには何をすれば良いか?」と問われれば、まずは「PDCA」と答える人も多いと思います。

　OODAのように、現場で改善サイクルを回すのとは違い、**PDCAは一度実行した業務やプロジェクトに対して、改善を行うため、大きな変革やイノベーションは期待できません。**こういったことからも、目まぐるしく需要が変わっていく現代において、PDCAは「古い」とささやかれていることもあるようです。

　また、PDCAサイクルの一番の問題点は「PDCAサイクルの実行」を目的にしてしまうことが多いことです。本来業務やプロジェクト、組織改善のためのPDCAサイクルですが、現代に使われている**多くのPDCAは「PDCAの実行」が目的となってしまっています。**

では、いまの時代にあった手法は何か。それが「OODA」です。そもそもPDCAは「すべてがコントロール可能である」という前提のもとに考えられた改善サイクルです。自らが何かを計画し、実行して、評価や改善、実行をする。基本的に、すべてのことが自分中心の考え方になります。

それに対して、**OODAは「コントロールできないことに対して、自分がどのように立ち振る舞うか」**といった考え方です。これからの時代における変革的なことは、OODAから生まれるでしょう。臨機応変に事象に対応できる組織は、お互いが信頼して、理解しあっている環境で作られていきます。

多くの場合、PDCAは前例があり、同じようなことがあった場合にどのように対処しているかを当てはめるので、新しいアイデアは生まれにくいので改善に限界があります。

日本の企業が、海外企業との競争に勝つためには、目標達成に向けた大きな変化を取り入れていく必要があります。

PDCAは、海外ではすでに過去の手法として扱われています。時代に合った改善サイクルが求められるのは自然といえます。

ぜひ、OODAを取り入れて、世界基準で予測できない変化にも対応できるようになりましょう。

MEMO

OODAが注目される
背景

　なぜ、いまこの時代にOODAが注目されているのでしょうか。日本では、長らく使われているフレームワークPDCAではダメなのでしょうか。その背景は一体何なのでしょうか。

　情報量が多く、刻一刻と変化する現代の予測ができない時代、VUCA（ブーカ）についても解説していきます。

OODA の背景にある
社会環境の変化

2020年から新型コロナウイルスの流行で、世の中は大きく変化しました。今までの常識が非常識になり、生活様式からビジネスまでもが著しく変化しました。

1 予測できない「VUCA の時代」

コロナ禍で大きく変わったのが、感染対策のもとで行われた「時短営業」や「行動制限」などです。それにより、いままで順風満帆だったビジネスが上手く立ち行かなくなったことも多々あったと思います。このように日々、刻一刻と変化する現代のビジネス環境はVUCA の時代といわれています。

私たちが、いままでと同じように過ごしていく中で、今日上手くいっていたことが、3ヶ月後、半年後、1年後、5年後、10年後に上手くいく保証はどこにもありません。

2 加速する情報の量とスピード

パソコンが普及してから約20年。スマートフォンが登場してからまだ約10年です。「Web3」や「暗号資産」という言葉が使われるようになってから、まだ約5年です。年々情報の進化するスピードは早くなっていき、私たちが1日にふれる情報量は江戸時代の1年分、平安時代の一生分といわれています。

あまりにも情報が多く、刻一刻と変化していく現代はまさに「予測ができない時代」といえます。

このような社会環境の変化も OODA が必要とされる背景にあります。

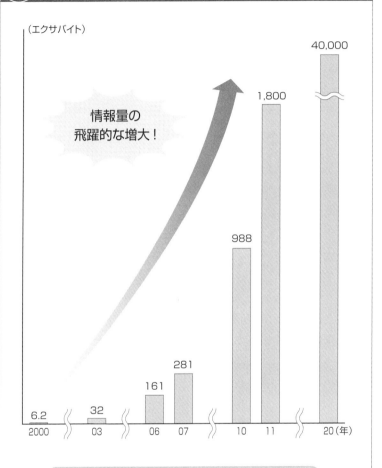

FIGURE 1 加速する情報量

（エクサバイト）

情報量の
飛躍的な増大！

- 6.2 （2000）
- 32 （03）
- 161 （06）
- 281 （07）
- 988 （10）
- 1,800 （11）
- 40,000 （20）（年）

情報量が多く、変化のスピードの速い
時代だからこそ、OODA が必要に

出所：https://book.mynavi.jp/wdonline/detail_summary/id=42437をもとに作成

VUCA の時代

（ブーカ）

> 実は、「VUCA」も「OODA」と同様に、元々はアメリカで使われていた軍事用語になります。ここでは、「VUCA」についての詳細を解説していきます。

1 VUCA とは

　VUCA とは、「先行きが不透明で、今後の予測が困難な状態」を意味します。元は軍事用語で、アメリカとロシアの冷戦が終結し、核兵器一辺倒から不透明な戦略へと変化したことを表している言葉でした。しかし、ビジネス界においても2010年代頃から、変化が激しく今後の予測がしにくい状況を指して、使われるようになりました。

- ・V（Volatility　　 :変動性）
- ・U（Uncertainty :不確実性）
- ・C（Complexity　 :複雑性）
- ・A（Ambiguity　　 :曖昧性）

　これらの単語の頭文字をとって、「VUCA」と呼びます。

2 VUCA の意味

● Volatility（変動性）

　目まぐるしく変化していく社会情勢や顧客のニーズ、価値観、社会の仕組みなどが変化していき、先の見通しを立てることができないことを指しています。

● Uncertainty（不確実性）

主に外的要因で、自然環境や政治などの不確実さを指しています。日本の企業でいえば、終身雇用制度がなくなり、副業を進める会社が増えたり、成果報酬型の企業が以前よりも多くなっています。このようなさまざまな不確実的な事柄は予測するのが困難であることを指しています。

● Complexity（複雑性）

日本で上手くいったビジネスが、海外ではその国の文化や法律などさまざまな要素が混ざることによって、複雑になり成功するとは限らないといったことを指しています。

● Ambiguity（曖昧性）

Volatility（変動性）、Uncertainty（不確実性）、Complexity（複雑性）が複雑に絡み合うことで、いままでにないような出来事が発生し、いままで通用していたものが使えない、曖昧性の高い時代に入っていることを指しています。

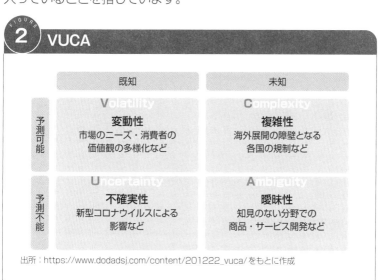

FIGURE 2　VUCA

	既知	未知
予測可能	**Volatility 変動性** 市場のニーズ・消費者の価値観の多様化など	**Complexity 複雑性** 海外展開の障壁となる各国の規制など
予測不能	**Uncertainty 不確実性** 新型コロナウイルスによる影響など	**Ambiguity 曖昧性** 知見のない分野での商品・サービス開発など

出所：https://www.dodadsj.com/content/201222_vuca/ をもとに作成

日本を取り巻くデジタル競争の状況

2020年にスイスの「IMD世界競争力センター」が行った「世界デジタル競争力ランキング」で、日本は「ビッグデータ活用」「企業の変化迅速性」「デジタル人材のグローバル化」の3部門とも63ヵ国中最下位でした。日本は世界と比べて情報化の波に乗り遅れているともいえます。世界のデジタル競走で、何が起こっているのでしょうか。

1 日本が情報化に遅れている原因

日本が情報化に乗り遅れている主な原因として、海外と比べ「成果よりも、上司や上長の意見を優先すること」が挙げられます。先ほどのランキングにおいて、日本は柔軟性・適応性も62位となっており、ほぼ最下位の結果です。日本は、トップダウンで経営層や上司の意見が優先される傾向にあります。そして、実際の問題に対して「何が正しいのか」よりも「上司は何を選ぶのか」を優先して上下関係を大切にします。

これを上手く利用して日本経済は成長してきたため、これ自体がすべて悪いことではありません。

しかし、問題に対して解決策が出されるまでに時間がかかることが、欠点として挙げられます。そのため、日本は世界と比べて意思決定のスピードが遅く、世界から遅れている一因となっています。

2 加速する情報化社会

2022年において、スマートフォンの普及率は94%に達しています。誰もがどこにいても簡単に知りたい情報を手に入れられる時

代になりました。通信環境も5Gが広まり、その後6G…といまよりもより一層、情報を一瞬で手に入れやすくなります。

しかし、情報が簡単に入手できる反面、判断を正しくすることも重要になってきています。あふれる情報の中で「何が正しいのか、何が間違っているのか」をリアルタイムで判断していく必要があります。経営層で話し合いが行われ、判断し、指示して、現場に反映、となると現場に反映される頃には、すでに出遅れてしまっていることも否めません。今後の労働者の働き方について「従業員に幅広い知識や技術が求められるようになる」「従業員により高い専門性が求められるようになる」ことを求める企業が多くなっています。

今後はより一層、現場からの改革が重要視されているともいえます。それに伴い、OODAの必要性も増しています。

FIGURE 3　IMD 世界競争力センター3つのランキング

世界デジタル競争力ランキング

1	米国		5	スイス
2	シンガポール		⋮	
3	スウェーデン		⋮	
4	デンマーク		23	日本

世界競争力ランキング

1	シンガポール
2	香港
3	米国
4	スイス
5	UAE
⋮	
⋮	
30	日本

世界人材ランキング

1	スイス
2	デンマーク
3	スウェーデン
4	オーストリア
5	ルクセンブルク
⋮	
⋮	
35	日本

出所：https://it.impress.co.jp/articles/-/20445をもとに作成

Web3時代における分散化の流れ
ウェブスリー

「Web3」をご存じでしょうか。現代はWeb2.0時代からWeb3時代に変わろうとしています。ここでは、インターネットの時代の背景やWeb3時代におけるOODAの活用の仕方などを解説します。

1 Web1.0時代と Web2.0時代の違い

Web1.0時代とは、1990年代後半頃のインターネット黎明期のことを指します。まだ、通信速度も遅かったこともあり、テキスト主体の一方通行のコミュニケーションでした。

Web2.0時代は、2000年代半ば頃から現在までの、情報をユーザー側も発信して、ユーザー同士が双方向にコミュニケーションを取れる時代を指します。YouTube や Twitter など、現在私たちが多く利用するサービスは Web2.0に分類されます。

2 Web3時代における分散化の流れ

現在、インターネット業界は、Web2.0時代と **Web3時代**の狭間であるといわれています。現在は、主に **GAFAM** と呼ばれる **Google、Amazon、Facebook（Meta）、Apple、Microsoft** などの大企業が市場のほとんどを占め、ビッグデータを用いて利益を独占している現状があります。Web2.0時代の問題点は、中央管理者にデータや富などが集中しているため、情報漏洩などのリスクが問題視されています。

こういった中央管理者が独占して、個人が戦う余地がほとんどない状況から、ブロックチェーン技術を利用して、大企業だけに一極集中しない分散型時代を目指すのが Web3時代なのです。

いままさに時代は、Web2.0と Web3の転換期にあるといえます。
このように、分散化されて個人が尊重される Web3時代に、OODA
はとても相性が良いのでぜひ活用していきましょう。

FIGURE 4　Web1.0〜3.0の変遷

| Google | Apple | Facebook | Amazon | Microsoft |

Web1.0
（1995 年〜2000 年頃）

Web2.0
（2000 年〜2020 年頃）

Web3
2021 年頃〜

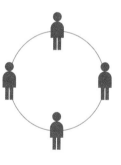

一方通行型　　　　　双方向型　　　　　　分散型

出所（下）：https://retailguide.tokubai.co.jp/knowledge/17940/ をもとに作成

49

Web3時代とは

Web3時代はWeb1.0、Web2.0時代の「大企業における情報の独占」や「セキュリティ」などの問題を解決できるといわれています。ここでは、Web3のメリットやWeb3が成り立つためのブロックチェーンの解説をします。

1 Web3時代のメリット

Web2.0時代ではGAFAMをはじめとした大企業が、個人情報や商品の購入履歴などのデータを一元管理しており、ハッキングなどされた場合に、膨大な個人情報が漏洩するリスクも高いことが問題でした。**ブロックチェーン**の技術を活用することで、これらの個人情報に紐づく、セキュリティの強化や情報の独占問題を解決することに繋がります。ブロックチェーンは、「私の仕事には活かせない」と思われるかもしれませんが、どのような業種においても、これから使われる可能性があります。また、情報の進化スピードも速いため、現場レベルでOODAを実践することで時代を加速させられるでしょう。

2 ブロックチェーンとは

Web3で活用されるブロックチェーンとは、いままでの「サーバーへデータを預ける」こととは違い、「インターネットに接続している全員が履歴を持つ」ことにより、改ざんしにくく、情報の透明性だけではなく、セキュリティを向上させます。このように、ブロックチェーンでは企業が情報を一元管理するのではなく、ユーザー同士が相互に管理する**分散型**の仕組みになっています。

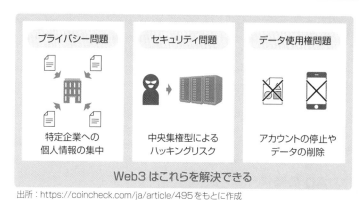

FIGURE 5　WEB2.0の主な問題点

プライバシー問題

特定企業への
個人情報の集中

セキュリティ問題

中央集権型による
ハッキングリスク

データ使用権問題

アカウントの停止や
データの削除

Web3 はこれらを解決できる

出所：https://coincheck.com/ja/article/495 をもとに作成

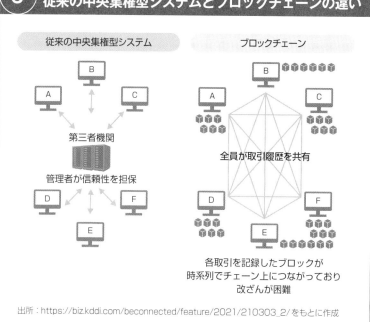

FIGURE 6　従来の中央集権型システムとブロックチェーンの違い

従来の中央集権型システム

B

A　　　C

第三者機関

管理者が信頼性を担保

D　　　F

E

ブロックチェーン

B

A　　　C

全員が取引履歴を共有

D　　　F

E

各取引を記録したブロックが
時系列でチェーン上につながっており
改ざんが困難

出所：https://biz.kddi.com/beconnected/feature/2021/210303_2/ をもとに作成

DAO（分散型自律組織）とは!?

DAOとは、「特定の管理者や所有者が存在していなくても、プロジェクトや事業が推進できる組織」のことを指します。株式会社のような従来の組織とは根本的に異なり、Web3.0が本格化する時代において盛り上がりをみせている組織形態です。ここではDAOの特徴やDAOとOODAの相性などを解説します。

1 DAOの時代

DAOとは、Decentralized Autonomous Organizationの略で、日本語では**分散型自律組織**という意味になります。ブロックチェーンの技術を使い、場所や性別、人種などに関わらず、世界中の人々が協力して管理・運営される組織のことです。

通常の組織は、株式会社のように経営層などの上層部が決定したことを上から下に指示する「トップダウン方式」が多いですが、DAOは誰かトップの人がいるわけではなく、プロジェクトに参加する人達で投票を行い意思決定していきます。

主に、プロジェクトへの貢献度によって**ガバナンストークン**が配られます。ガバナンストークンは、「株式」に近く、保有することでDAOの運営に関わる投票権や報酬としても使われます。DAOに貢献すればプロジェクトからの還元も増えるので、積極的にプロジェクトへ参加をすることで、プロジェクトの成功＝自分への報酬となり、組織全体が良い方向へと動いていく傾向にあります。

DAOは、「株式会社の代わりとなる組織」ともいわれています。

2 OODA と DAO は相性が良い

　DAO は上層部からの指示を待つのではなく、自らプロジェクトへ積極的に参加します。トップダウン方式では組織が大きくなり、人数が増えれば増えるほど、指示を待ち、自らどうすれば問題を解決できるのか、もっと良くなるのかを考えない人が多くなります。

　上司からの指示を待つだけでは、組織の改善スピードが遅くなってしまいます。現場レベルで改善していく OODA と DAO は相性が良く、組織やプロジェクトを最短最速で、より良い方向へと進めてくれます。

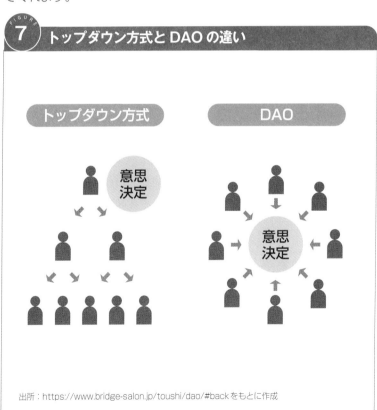

FIGURE 7 トップダウン方式と DAO の違い

トップダウン方式　　　　　DAO

意思決定

意思決定

出所：https://www.bridge-salon.jp/toushi/dao/#back をもとに作成

消費者ニーズの多様化

コロナ禍の数年で「消費者ニーズの変化」が大きく加速しました。特に外出自粛やテレワーク推奨などで、働き方も大きく変わり、「巣ごもり消費」も増えていきました。Web3時代の訪れと共に、コロナ禍によって変化のスピードが大きく加速した中で、消費者ニーズはどのように変わっていくのでしょうか。大きく3つの変化があります。

1 巣ごもり消費によるニーズの変化

世界が規制を緩める中、日本はいまだコロナ感染対策の強化から完全に抜け出せていません。**巣ごもり消費**では、「自宅でいかに質の高い生活ができるか」が注目されています。例えば、外出が減ったことによる運動不足から、健康需要の高まりがあります。健康グッズや筋トレ器具、身体を動かして遊ぶゲームなどが注目されるようになりました。また、通勤時間がなくなったぶん、自由な時間が増えて、その時間を映画や動画を見たり、本を読んだりと趣味に時間やお金をかけることが多くなりました。

2 働き方の変化

テレワークが増えたことにより、「自宅の仕事環境を整えたい」というニーズが増えました。主にパソコンを中心とした電子機器を購入し仕事の効率化をはかったり、自宅では集中できないからとカフェで仕事をしたり、コワーキングスペースを使ったり、いままでコーヒーを飲みながら楽しむ場所が職場に変わったりと、同じサービスであっても利用目的の違いなど需要が変化しています。

3 リアル体験、価値の向上

インターネットを通した経験が増えた反面、「リアルの体験」をすることへの価値が高まっています。「五感」を使いきるような、「香りを嗅ぐ」ことや「何かに触れる」体験はインターネットでは味わうことはできません。人として喜びを感じるためには、データとしての画面上の情報だけではなく、五感を使うリアルの体験が必要であるということが再認識されています。

4 先行きが見えず計画が立てにくい時代

これら3つの他にも、非接触の推奨からキャッシュレス決済や自炊が増えるなど、たくさんの変化がありました。コロナ感染症が収束すれば、2020年以前の生活に戻るといった意見もあります。しかし筆者は、コロナ感染症が収束しても、「時代は一方通行」なので戻るのではなく、さらに突き進むと思っています。コロナ禍前に、いまの世の中で、感染症が世界的な大流行をみせるとは誰も思っていなかったと思います。しかし、このような急速な変化は、災害や戦争なども含めて、今後もいつ何時起こるかわかりません。先行きが見えず、長期的な計画や数値目標だけではなく、直近の計画も立てにくいいま、OODAの重要性が増しています。

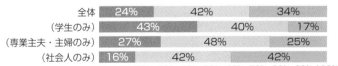

FIGURE
8 新型コロナウイルスの影響で生活スタイルは変わりましたか？

	大きく変わった	少し変わった	変わらない
全体	24%	42%	34%
(学生のみ)	43%	40%	17%
(専業主夫・主婦のみ)	27%	48%	25%
(社会人のみ)	16%	42%	42%

0% 10% 20% 30% 40% 50% 60% 70% 80% 90% 100%
■大きく変わった ■少し変わった ■変わらない

出所：(株)カシム「巣ごもり消費に関する意識調査」2020年3月

Z 世代の価値観の変化

ゼット

これからの時代を担う若い世代は、一体どのような価値観を持っているのでしょうか？　若い世代の価値観を理解することは、OODAを進めていくことにおいてもとても重要になります。

1　Z 世代とは !?

　Z 世代（ジェネレーション Z）とは、明確な定義はありませんが、概ね1996年～2011年前後に生まれた世代のことを指します。生まれながらにして**デジタルネイティブ**である初の世代のことで、**Y 世代（ミレニアル世代）**に続く世代であることから「Z」の名が付いています。

2　Z 世代の価値観の特徴

　世界の延べ100以上の国と地域を対象にした「世界価値観調査」（World Economic Forum）の調べによると、世界の若い世代の価値観は、「集団より自分を重視する個人主義であり、いまよりも良い暮らしをする自信はなく、いまを楽しめればいい」といった価値観を持っています。これは、親世代よりも高い教育を受けたにも関わらず、リーマンショックやコロナ禍を経験し、活躍できる経済環境が整っていないことで、将来への希望が薄れ、未来への期待が低いことが原因だといわれています。

　このように、「集団ではなく個人として社会と関わることを求めて、自分自身が価値を感じたものに対して消費する」といった特徴があります。

9 日本と欧米における世代論

出生年	日本独自の世代論	欧米の世代論
1947～1951年	団塊世代	
1952～1960年	ポパイ・JJ世代	
1961～1965年	新人類世代	
1966～1970年	バブル世代	
1971～1974年	団塊ジュニア世代	X世代（1964～1980年）
1975～1982年	ポスト団塊ジュニア世代	
1983～1995年	さとり世代	Y世代（1981～1994年）
1987～1995年	ゆとり世代	
1996年～	脱ゆとり世代	Z世代（1995年～）

出所：https://career-cheers.co.jp/blog/2018/11/29/100/をもとに作成

10 Z世代の消費行動におけるキーワード

体験消費・参加型消費
旅行・イベント等
時間を共有する"コト"に価値を感じる

メリハリ消費
自分が価値を感じるものに
お金と時間を投資。あとは節約

若者消費
Keyword

間違えたくない消費
お買い物に慎重
失敗したくない

応援消費・親近感消費
社会や他者への貢献意識が高く、
応援したい・親近感を感じるものに
お金を使う

出所：https://webtan.impress.co.jp/e/2021/09/09/41056をもとに作成

Z世代の消費傾向

Z世代は、「モノ」よりも「コト」への消費に価値を感じているといえます。OODAを進めていく上で役に立つ「コト消費」やZ世代の次の世代「α世代」について解説します。

1 Z世代の「コト消費」

経済産業省も**コト消費**といった言葉を使っており、以下のように定義しています。

> コト消費とは、製品を購入して使用したり、単品の機能的なサービスを享受するのではなく、個別の事象とが連なった総体である「一連の体験」を対象とした消費活動のこと＊

コロナ禍もあり、「体験することへの価値」がグンと高くなりました。若い世代の心を掴むには、いままでのように「モノ」を売るだけではなく、「モノ」を通じた「コト」を付加価値としてつけることが必要になります。

例えば、「蔦屋書店」では本を売るだけではなく、書店の他にラウンジやベーカリー、ペットケア施設などを書店と併せて提供することで、消費者へ様々な「コト」を体験できるように工夫をしています。その結果、蔦屋書店は2020年1月〜12月の国内書籍・雑誌販売額が過去最高額を更新するなど、書籍全般の販売数が減少している中でも、人気が衰えていないことがわかります。

＊引用：https://www.meti.go.jp/committee/kenkyukai/chiiki/koto_shouhi/pdf/006_02_00.pdf

2 α世代とは

α世代とは、概ね2011年以降に生まれた世代と呼ばれています。2030年代から2040年代頃に、社会に進出する世代のことを指しています。

α世代は、スマートフォンやタブレット端末といったデジタル機器の操作はもちろん、学校教育などでプログラミング言語に触れていることもあり、AIやロボットに対する抵抗をほとんど持ちません。

活字離れは顕著で、情報収集に時間のかかる雑誌やテレビは好まず、即時性が高くかつ斜め読み・聞き流しができるYouTubeやTikTok、Instagramなどを好む傾向にあります。

意思決定から行動までに時間がかかる、PDCAなどのフレームワークよりも、刻一刻と変化する状況で成果が得られる、「OODA」の活用が若者の消費傾向にも合っているといえるでしょう。

FIGURE 11 Z世代消費傾向まとめ

コト消費　推し消費　ネタバレ消費　チル消費　バズ消費　レトロブーム　トキ消費　イミ消費

出所：https://note.ad-manga.com/n/n47bfdeaac5c5をもとに作成

モノ消費	→	コト消費
所有の価値		体験の価値

新しいモノ、珍しいモノを所有したい

新しいコト、珍しいコトを体験したい

出所：https://seikatsusoken.jp/tokishohi/16309/をもとに作成

DX の推進

<ruby>DX<rt>ディーエックス</rt></ruby>

経済産業省が発表した「2025年の壁」というレポートをご存じでしょうか。そこでDX（デジタルトランスフォーメンション）が取り上げられました。日本語では「デジタル改革」といわれます。ここでは、DXの解説とOODAの利用方法について解説します。

1 DX とは

DX とは**デジタルトランスフォーメーション**の略です。英語では「Transformation」や「X-formation」とも表記されることもあり、頭文字を取って DX（ディーエックス）と略されるようになりました。

DX という概念は2004年に誕生しました。「企業が、ビッグデータなどのデータと AI や IoT をはじめとするデジタル技術を活用して、業務プロセスを改善していくこと。また、製品やサービス、ビジネスモデルそのものを変革するとともに、組織、企業文化、風土をも改革し、競争上の優位性を確立すること」を指す言葉です。

2 2025年問題と経済損失

2025年の壁とは2024年に固定電話網 PSTN の **IP** * 化や2025年になると基幹システムのうち6割が運用から21年以上経過するなど、2025年付近に IT 関連での様々なリスクが集中することを指しています。

---

* IP 複数の通信ネットワークを相互に接続し、データを中継・伝送して一つの大きなネットワークにすることができる通信規約（プロトコル）の一つ。IP によって接続された世界規模の巨大なコンピュータネットワークをインターネット（the Internet）という。

　そこで最新のデジタルテクノロジーを使い、時代を変革させようとしています。仮にDXを推進しない場合、毎年12兆円規模の経済損失が生まれるともいわれています。

　DXは単にアナログをデジタル化をしていくことではありません。最新のデータや技術を使い、ビジネスモデルそのものを変革し、企業の競争力を高めていくのが目的です。

12 DXの定義

手段	対象	実施事項	目的
D Digital デジタルで	会社を ビジネスを 製品・サービスを 業務プロセスを 組織・制度を 文化・風土を	**X** Transformation 変革する	競争上の 優位性を 確立・維持 する

企業がビジネス環境の激しい変化に対応し、データとデジタル技術を活用して、顧客や社会のニーズを基に、製品・サービス、ビジネスモデルを変革するとともに、業務そのものや、組織、プロセス、企業文化・風土を変革し、競争上の優位性を確立すること。
（経済産業省「DX推進ガイドライン」2018年12月）

出所：https://japan.zdnet.com/article/35150737/をもとに作成

13 デジタルトランスフォーメーション

デジタル・テクノロジーを使って経営や事業の在り方を変革する
生活や働き方を変革する

出所：https://www.itmedia.co.jp/enterprise/articles/1901/08/news007.htmlをもとに作成

働き方の変化「働き方改革」

政府は2016年から「働き方改革」を推進しています。労働基準法が改正され、「長時間労働の是正」と「同一労働同一賃金の実現」を目指し、個々が能力を発揮して活躍する、一億総活躍社会を目指しています。ここでは、DXによる働き方の変化について解説します。

1 DXによる働き方の変化

業務効率化のため、単純な作業をパソコンやロボットを使い自動化をするRPA（ロボティックプロセスオートメーション）、さらにテレワークや総合基幹業務システムであるERP（エンタープライズ・リソース・プランニング）などに見られるように、DXの導入と働き方は密接に関係しています。

2 DXとOODAの密接な関係

日本製鉄のDX推進では、デジタル技術を活用し、従来の制約に左右されない、「変えていく力」を高めようとしています。現場レベルの情報や知見を元にデータ化し、部分的ではなく、組織の壁を超えて、検証と修正、意思決定の高度化を図っています。意思決定の迅速化ができるOODAはまさに、実践活用できるワークフレームといえます。

他にも各業種で以下の4つをどう戦略に組み込むかがこれからの時代の鍵になってくるでしょう。

サービス化、スマート化、ソーシャル化、オープン化

実際に、「DXによる働き方改革」の事例として

・北九州市役所がクラウド名刺管理を自治体として初めて導入
・日本通運が RPA ツールを採用し、72万時間の削減を実現
・株式会社 FABRIC TOKYO がスーツの採寸データをクラウド管理

など多数の企業が DX により、働き方改革を実現しています。

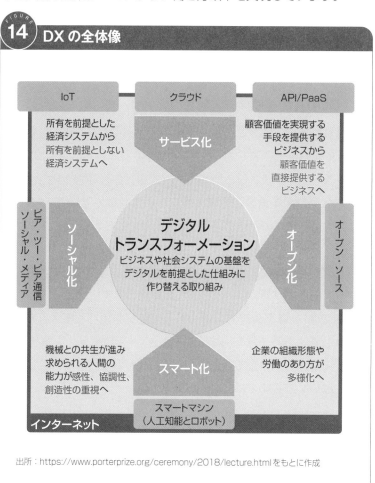

14 DX の全体像

IoT クラウド API/PaaS

所有を前提とした
経済システムから
所有を前提としない
経済システムへ

サービス化

顧客価値を実現する
手段を提供する
ビジネスから
顧客価値を
直接提供する
ビジネスへ

ピア・ツー・ピア通信
ソーシャル・メディア

ソーシャル化

**デジタル
トランスフォーメーション**
ビジネスや社会システムの基盤を
デジタルを前提とした仕組みに
作り替える取り組み

オープン化

オープン・ソース

機械との共生が進み
求められる人間の
能力が感性、協調性、
創造性の重視へ

スマート化

企業の組織形態や
労働のあり方が
多様化へ

スマートマシン
（人工知能とロボット）

インターネット

出所：https://www.porterprize.org/ceremony/2018/lecture.htmlをもとに作成

新型コロナウイルスの流行による変化

新型コロナウイルスにより、様々なことが変化して複雑化しています。今後も、「想定していない状況」が起こる可能性は非常に高くなりました。コロナ禍以前に、現在の社会変化を想像できていた方は、ほとんどいないといえるでしょう。このような、未曾有の事態にも適切に対処して改善していかなければ、企業が生き残っていくことは難しいでしょう。

1 OODA の提唱時代と現在

言うなれば状況は違くとも、「現代社会は OODA が提唱された頃の時代によく似ている」のかもしれません。

ジョン・ボイド大佐は、戦争において機体の性能が上回っているのに、なぜ敗北するのかを考えました。当時は、「パイロットの操縦技術の差や機体の性能で勝利する」と思われていました。しかし、ジョン・ボイドが実際に出撃し、敵と戦う中で気づいたのが「パイロットの視野の違い」でした。機体性能を重視したことにより、パイロットの視野が狭くなっていることに気づきました。

戦闘では、「意思決定のスピード」が結果を大きく変えます。実際に戦っている最前線の現場の人が、「状況を判断し、理解をして、速やかに決定し、行動を起こす」ことこそが、勝利に導く要因であると認識したのです。

2 収集としてのコミュニケーション

　新型コロナウイルスにより、たとえ同じ職場の人であっても直接顔を合わせることが少なくなりました。最前線でOODAループを回すために、まずは「情報収集のプロセス」として「コミュニケーション」は欠かせません。

　職種にもよりますが、チャットツールなどでコミュニケーションを取る際の認識に、齟齬が起きる可能性が増えたこともコロナウイルスの流行による変化といえます。

FIGURE 15 コミュニケーションツールの種類

現場の状況判断が
戦況を左右する！

チャットツール	Web会議システム	ナレッジ共有ツール
簡易操作でチャット	離れた相手と話せる	探索性が高いナレッジを蓄積
↓	↓	↓
情報・ファイルを簡単に共有できる!	意思疎通・意思決定がリアルタイムにできる	業務効率が高まる!

出所：https://zaitaku100.kokuyo.co.jp/item/342をもとに作成

適切なコミュニケーションツールの選定

OODAループを回す上で、しっかりと状況判断や情報共有をするために、その場にあったツールを使いこなすことが必要です。

1 コミュニケーションツールの選定方法

現在は、様々なコミュニケーションツールがあります。例えば、「メール」や**チャットツール**は、1対1で、やり取りを振り返りたいときには最適です。

「Zoom」や「Skype」などの **Web会議システム**は、情報を言葉だけではなく、ジェスチャーを加えながらわかりやすく共有できます。広い視野で瞬時に、判断と意思決定をする OODA には、Web会議システムは向いているといえるでしょう。

コミュニケーションは、「何を目的にどのように使いたいのか」 1対1なのか、チームとしてのやり取りなのか、などを考えて使い分けていきましょう。

2 OODA の判断に「正解」「不正解」は無い

OODA の特徴は、「時間をかけずスピード感を持って、目的に対し、広い視野で情報収集・判断・意思決定をすること」です。これは、「現場で働く人が、自ら考える力をつける必要がある」ということです。

OODA は PDCA とは違い、最初に計画があるわけではありません。ですので、「正解」「不正解」という判断はありません。まずは環境を観察した上で、「決断」を繰り返します。

あなたがリーダーであれば、部下に OODA を運用する際に、「不正解」はないことを伝えてあげましょう。そうすることによって、部下も自信を持って、どんどん挑戦していけるようになります。

FIGURE 16 様々なコミュニケーションツールの相関図

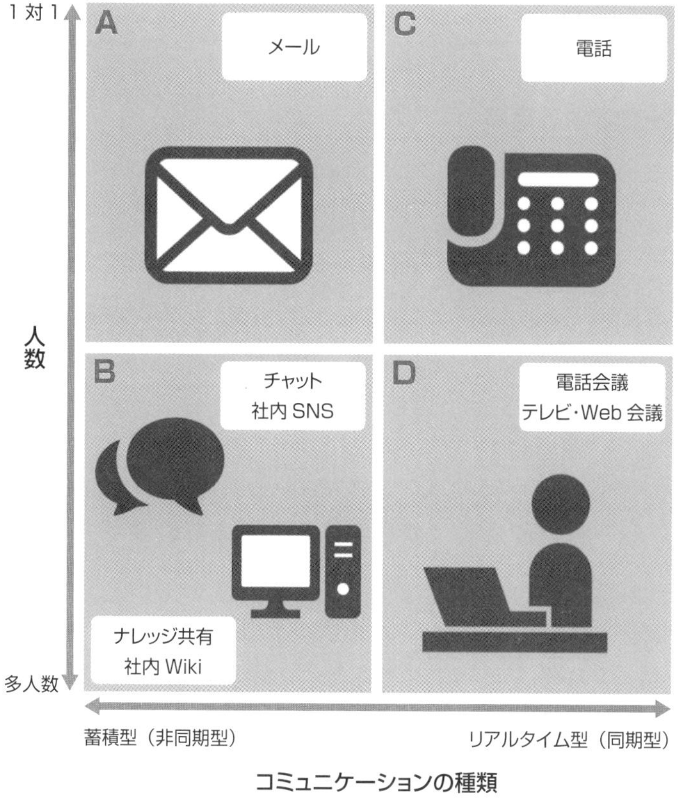

1対1

人数

多人数

A	C
メール	電話

B	D
チャット 社内 SNS	電話会議 テレビ・Web 会議
ナレッジ共有 社内 Wiki	

蓄積型（非同期型） ← → リアルタイム型（同期型）

コミュニケーションの種類

出所：https://zaitaku100.kokuyo.co.jp/item/342をもとに作成

個人が「自ら考えて動く」時代

OODAは、「自ら考える力」が非常に重要な鍵を握っています。「早速OODAを取り入れよう！」と思っても、現場の人の「やる気」がなければOODAはできません。しかし、現場の人に対して「自分で考えてやれ！」と言っているだけでは、「自ら考えて動く」ようにはなりません。

1 自走する組織

高度成長期と呼ばれるバブル経済が終わるまでは、「言われたことをしっかり行う」「とにかく頑張る」ことを求められていた時代でした。この時代の働き方がいまも残っており、「率先して自ら改善をしていくこと」や自ら考えることが習慣化されていない場合があります。現在のような変化の激しい時代には、「いま抱えている問題は何か」「その問題をどのように解決すれば良いのか」などを「自らが考えて行動する」ことが求められています。

2 松下幸之助翁流「自ら考えて動く人」の育て方

では、「自ら考える人」に育てるにはどうすれば良いのか？ 経営の神様と称される、パナソニックグループの創業者である松下幸之助翁は、次のようにしていたといいます。

部下が、問題を抱えて相談にくると、話を全部聞き終わってから、必ず「君ならどうするんや？」と逆に質問を返したそうです。そうした話が社内に広まり、松下幸之助氏に相談や報告に行く前には、「必ず自分なりの考え方や解決策をまとめなければいけない」という暗黙のルールができあがっていたそうです。

FIGURE
17 松下幸之助翁の人材育成

「自分ならどうするか」を考えさせる！

「自ら考えて動く人」の育て方

部下が相談

「君ならどうする?」と逆質問

相談前に考え方や解決策をまとめることが社内でルール化

「自分ならどうするか」を問いかける

部下から上司に問題の解決策を求められたときに、すぐに答えを教えるのではなく、「自分ならどうするのか」を問いかけるようにする。これを習慣化することにより、「相談すると必ず自分の考えを聞かれる」ので、事前に「自分で考えて、自分の答えを導く」という癖を身につけられるようになります。

1 ビジョンの共有

さらに、会社としての目標は何なのかといったビジョンを共有して、目標を達成したら、しっかりと評価をすることも必要です。

様々な側面から人を育てていき、「自ら考える人」が増えることで、組織全体としてのクオリティも上がり、組織として成長していくことが可能になります。

2 自走する組織のメリット

「自ら考える人」が増えることで、組織が自走するようになります。組織が自走するようになると、以下の3つのメリットを手にすることができます。

①個々の意見が尊重され、豊かな発想が生まれる
②業務の効率化
③トラブルへの対応力が高くなる

組織の改革は、いままでのやり方を変えて、すぐにできるかと言えば、すぐにはできません。「経営層や上層部側の理解」や「現場の人たちの意見を言えるような風土作り」が必要になります。

これらを踏まえて、ご自身の組織が自走するにはどうすればよいのかを考え、実践してみましょう。

FIGURE 18　社員が成長する組織作りの3つのポイント

1. 「経営理念」「ビジョン」を社員に浸透させる

2. 会社全体で「目的・目標」を共有する

3. 自社が5年後に描く「ビジョン」を考える

出所：https://jinjiseido.com/column/organization_development/をもとに作成

FIGURE 19　「自走型組織」とは？

	指示待ち組織	自走型組織
答え	上司/経営（が描く）	部下/現場（の中にある）
メンバーの意識	上司の中に答えを探す	自分で（現場から）答えを探す
上司との関係	上司からの指示を待つ	自分で考えて上司を頼る
求められるリーダーシップ	統率型のリーダーシップ	支援型のリーダーシップ
育まれるカルチャー	他者依存・他責傾向	自走・自己成長傾向

出所：https://logmi.jp/business/articles/325050をもとに作成

不確実性の高い「混迷の時代」は、「即断・即決・即行動」

これからの時代は、どのような組織や働き方が求められているのか？それは、「**時代の変化に即座に対応するために、自ら考え行動する**」ことです。もしあなたの組織が自ら考え、課題を見つけ、解決していくような組織だったらどうでしょうか。組織が成長し、自然と結果が良くなるのが目に見えると思います。

不確実性が高い時代に企業や人生に必要なことは、まさしく「**即断・即決・即行動**」です。「これは計画とちょっと違う」と思っているうちに、状況は刻一刻と悪い方向に向かいます。

このようなときに、OODAループを知っていると、想定外の出来事に手を打つことができます。

また、「即行動」ができないとコストがかさみ、遅れれば遅れるほど損失が多くなります。

OODAループが機能すると、「**働く人が自ら目標に向かって、指示や命令をされなくても、自ら考えて判断して行動**」をしてくれるようになります。

具体的には「現場が主体で動くため、行動から改善のサイクルを実感しやすく達成感がある」「時代の変化が激しいので、その都度指示をあおっていたら問題解決に後手後手になってしまう」「社長一人の考えではなく、多数のアイデアが生まれ、より素晴らしいアイデアが生まれる」といったようにOODAを実践していくことによって、気づいたら指示を必要としなくなっていたということも机上の空論ではなくなります。

また、上司に相談しやすい環境はとても大切です。「退職の前に読むサイト」の調査では、「上司の指示が理解できなかったときどうするか」といった質問に対して、「聞き直さない」人が半数以上の58％もいるこ

とがわかります。

OODAをうまく使い、組織を成長させ、指示をしない・されない経営を目指すためには現場の声をすぐにキャッチし、反映させることが必要です。もしいまあなたの会社が上司に相談しにくい環境であれば、企業としての成長スピードは遅いかもしれません。

「三人寄れば文殊の知恵」といった言葉があるように、意見を出し合うことは「**次の改革**」に繋がります。あなたが上司の立場であれば、部下が「話しやすい環境づくり」をして、あなたが部下の立場なら「**失敗を恐れずに相談**」をしてみてください。

OODAには「間違い」がありません。常に、状況を観察し、方向性を決め、意思決定をして、行動する。このループを繰り返すだけです。間違いや失敗をしないことよりも、OODAは行動を重視しています。

「即断・即決・即行動」の風土は、OODAループによって、「作る」というよりも、「自然となる」といった表現の方が合うかも知れません。現場から、素晴らしいアイデアが生まれるように環境を整えて、「**信じて待つ**」ことが自ら課題を見つけ解決する自律組織のつくり方ともいえるでしょう。

不確実性が高い時代に、「即断・即決・即行動」できる組織（人生）を目指しましょう。

MEMO

OODA実践の4つの
ステップ

　これまでは、OODAがどのようなものなのか、これからの
時代にどのように使っていくのかを解説してきました。しか
し、頭ではわかっていても、実践できないのでは、机上の空論
となってしまいます。ここでは、OODAを実践する4つのス
テップを、具体的に掘り下げて解説していきます。

OODA 実践の4つのステップ

OODAを実践するための4つのステップと、無意識化で行っているOODAについて具体的に掘り下げて解説していきます。

1 OODA の実践において必要なこと

OODA ループを実践するためには、

**Observe（観察）➡ Orient（状況判断）➡
Decide（意思決定）➡ Act（実践、行動）**

の4つのステップを順番に実践していくことになります。

PDCA サイクルが、PDCA の順番を変更してしまうと違うものになってしまうように、OODA も基本的に順番で繰り返すので、流れをしっかり確認しておきましょう。

また、意識しなくても私たちの生活の中で OODA ループを実践していることもあります。

2 OODA は無意識でも実践している

例えば、自動車を運転しているときには、前車との車間距離や信号、歩行者が飛び出してこないかなどを「観察」して、危険（事故）を回避するために、何をすればいいのかを瞬時に「状況判断」して、「意思決定」をして、「行動」（アクセル、ブレーキ、ハンドル）をします。

このように、普段から無意識のうちに OODA は実践されていますので、OODA の実践を難しく考える必要はありません。

FIGURE 1 OODA ループの4ステップ

Observe ：現状を観察し、状況を的確に把握する

Orient ：観察の結果得た情報を分析し、どのように適応できるか仮説を構築する

Decide ：観察した結果の適応方法、仮説を基に、最適なプランを選択する

Act ：意思決定した内容を実行に移す

【ポイント】状況によっては前の段階に戻ることもできる（＝変化に対応しやすい）

観察➡状況判断➡意思決定➡行動

出所：https://teamhackers.io/the-essence-of-pdca-and-ooda/ をもとに作成

OODA と PDCA の使い分け

すでに、PDCAを取り入れている組織は、社員研修に取り入れている場合も多いと思います。そこからOODAを実践する場合は、PDCAとOODAを場面によって上手く使い分けていきましょう。

1 OODA と PDCA の使える場面

フレームワークの役割として、OODAは「意思決定」のため、PDCAは「業務改善」のためとして位置付けられます。

どのような状況においても、「PDCAとOODAの両方を上手く使い分ける」ことで、より「円滑に目的を達成」することができます。

OODAは、元々戦争であみ出されたものなので、「予測が困難な場合」に力を発揮します。

逆に、ある程度予測可能で「プロジェクトを大きな時間軸で考えている」場合は、PDCAサイクルが適切といえるでしょう。

2 円滑なコミュニケーションが不可欠

さらに、OODAを実行する際に、グループやメンバー間での知見や情報の共有は欠かせません。そのためにはコミュニケーションを円滑に取れる体制を整えたりする必要もあります。

その上で、業務改善など**現場の状況観察**を元に改善策を実行し、今までにない不測の事態に対応できる組織を目指していきましょう。

FIGURE 2 PDCA サイクルと OODA ループの比較

	比較項目	PDCA サイクル	OODA ループ
運用の目的		目標の達成	不測の事態への適切な対処
適用	環境変化の予測	ある程度の予測可能	予測が難しい
状況	達成目標の設定	何らかの目標を設定	目標の設定が難しい
	実行計画の作成	実行計画の作成が可能	実行計画の作成が難しい
	活動の期間	比較的長い（月、年）	短い（秒、分、時）
重要	重視する視点	目標達成への計画性	臨機応変な対処
事項	重大な能力	目標設定・計画策定能力	情報見極め・方向づけ能力
	集団での必要条件	目標・計画の共有	知識・判断基準の共有

出所：https://www.newton-consulting.co.jp/bcmnavi/column/all_about_ooda_loop.htmlをもとに作成

OODA の実践は組織づくりから

これからOODAを実践しようとした場合、まず最初に何が必要でしょうか？　OODAで「意思決定」を早くして、「改善」を最速で行おうとしても、準備が足りずに意思決定が遅くなってしまう可能性もあります。OODAを実践するための準備として、まずやることは「組織づくり」です。

1 OODA を機能させるには

PDCA サイクルや STDP サイクルも同様ですが、どの「サイクル」や「ループ」を回すにしても、思いつきの行動ではうまくいきません。なんとなくでスタートしても「OODA をやっているつもりが従来のPDCA と同じことをしていた」ということになりかねません。ただ実践するだけではなく、しっかりと機能するように注意が必要です。

2 OODA を実践するための流れ

OODA を実践する前に、抑えるべき点は3つあります。事前準備として、それぞれできているかを確認してから OODA を実践してみましょう。その内容は以下のとおりです。

・今までの考え方にとらわれない柔軟な思考
・意見を言いやすい環境
・経営層や上層部の部下へ任せる勇気

これら3つを抑えられれば、OODA はうまく機能することでしょう。それぞれどのようにすればよいのか少し掘り下げてみます。

FIGURE 3 組織のステージ

		勝ちパターン の発見	組織の 硬直化	安定的な 成長	行き 詰まり感
ステージと 転換点		探る →	回す →	手放す →	仕込む
		DDCA	PDCA	OODA	DDCA
定義		どのアクションや KPIに注力すべ きかが搾りき れていない	方針や戦略、やる べきことなどが ある程度明確に なっている	決められたことを 忠実にやることに よる弊害が見え てくる	ある程度安定的 な成長が続いて おり、順調に回っ ている
求められる リーダー シップ		戦略思考型	指示統制型	権限移譲型	率先垂範型
成功の鍵		計算された 試行錯誤 (Safe Fail)	「型」の実行 (Operation Excellence)	失敗を いとわず任せる (Empowerment)	基準を上げ リスクを取る (Revolution)
壁や リスク要因		高い要求水準に よって追い込まれる	やることが増えす ぎて複雑になる	言われたことし かやらなくなる	水準が気づかない うちに下がってしまう

出所：https://smbiz.asahi.com/article/14379076をもとに作成

FIGURE 4 目標達成への方向性を揃える必要がある

それぞれ改善方法がバラバラで、問題とは思っていても目標達成への方向がバラバラであるため解決できないことが多々ある。

この表だけ罫線が太いのはおかしい

レビュアー
Aさん

この表現は回りくどいね

レビュアー
Bさん

このE・R図は70点かな。私だったら顧客エンティティを分解するよ

レビュアー
Cさん

本当に修正すべき問題に絞って指摘してほしい

ドキュメント
作成者Dさん

出所：https://xtech.nikkei.com/atcl/learning/lecture/19/00014/00001/をもとに作成

いままでの考え方にとらわれない 柔軟な思考

　新しいことを始めようと思っても、変化を望まない人も多くいます。これは特に変わったことではなく、人間の防衛本能として「いままで何も問題なかったのであれば、同じ方法をとり続ける」といった「現状維持プログラム」が働くからです。私たちの祖先である原始人の頃から、本能として備わっているものなので、「意識をしない限りは変化を求めない」ように思考や行動が向かいます。

1　固定概念にとらわれない

　ビジネス面でも、いままで何年も何十年も行ってきた方法を変えたり、新しい方法を取り入れたりするというのは、経験を重ねている人こそ難しくなります。いままで成功していた方法であれば、当然続けるべきですが、目まぐるしく変わる現代でいつまでも同じ方法をとっていては時代に置いていかれて、気づいた頃にはもう間に合わなくなってしまうのです。

　「固定概念にとらわれない」ことのメリットとして、視野が広がったり、新しい意見を取り入れられるようになったりして、「型破りな行動からクリエイティブな発想」が生まれます。

2　守破離の精神

　昔から日本では武道や芸道において、守破離という言葉があります。

① 「守」は、型や技を忠実に守り、身に着ける段階
② 「破」は、師匠に教えてもらったこと（型）について、考え良いものを取り入れて発展させる段階

③「離」は、師匠（型）から独自の新しいものを生み出して自分の
　ものにする段階

　この守破離の「守」だけで終わるのではなく、いままでの型に柔
軟な思考を取り入れるようにしてみましょう。

FIGURE 5 人間の防衛本能

防衛本能とは？
➡脳幹・大脳基底核・脊髄

心拍・呼吸・摂食・飲水・体温調節・性行動に影響し、
安全意識（生きたい）につながっている

FIGURE 6 守破離

守	①できるだけの多くの人の話を聞き、決められた型や、指導者の教えを守って、それを繰り返して、基本を取得する段階
破	②「守」で身につけた基本をベースにしながら"自分なりの工夫"をして、徐々に基本を破り発展する段階
離	③型や教えから離れて、独創的なオリジナルの個性を発揮する段階

出所：https://senchie.net/think/what/ をもとに作成

意見を言いやすい環境

OODAは、状況の把握から仮説、実行までが、上からの指示ではなく、下からの提案と実行によって、うまくループが回るようにしていきます。しかし、いくら現場からの良い提案や行動があっても、上司に提案しにくい環境では元も子もありません。

1 提案しやすい環境のつくり方

意見を言いやすい環境を作るには、まず「普段からどのような意見であっても受け入れる姿勢を見せる」ことが必要です。「こんな提案をしたら上司に嫌われるのではないか」と思われてしまうと何も意見が言えなくなり、問題への最適な答えではなく、上司に指摘されない選択を選ぶようになっていきます。

もちろん間違っていることであれば直すように伝えるべきですが、本音で話し合えるように、まずは「どんな意見でも耳を傾けてみる」ようにしましょう。

特に若い層の柔軟な考え方は、組織にとって良い変革を起こすことが多々あります。昔ながらの考え方に固執することがない、若い世代の意見を積極的に聞くようにしましょう。経験が豊富な50代60代の考え方と、いままでにない若い層の意見によって、革新的なアイデアが出るチャンスをたくさん作っていきましょう。

2 仕事での達成感は求めない傾向

ひと昔前と比べると、「仕事」よりも「家庭」を優先する傾向が強くなっています。それにより、仕事での達成感は求めなくなってきています。言い換えると、若い世代が自分の能力や力を発揮して、

社会に貢献したり、上司に褒められたりする機会が少ないのが原因ともいえます。数十年後、若い世代が上層部の立場になったとき、活気あふれる経済になることは考えにくいです。海外と比べて、産業に活気がない原因ともいえるでしょう。活気のある日本にするためにも、まずは若い人たちや現場の人間が意見を言いやすい環境を作ることが必要です。

FIGURE 7 相手が上司でも反論できる職場にいる人の割合

	男性	女性
10〜20代	32.9%	36.5%
30代	35.1%	39.3%
40代	41.1%	41.4%
50代	40.5%	39.5%
60代	58.3%	53.8%

■男性 ■女性
（全国の10〜60代有職者の男女785名に調査）

出所：https://sirabee.com/2021/06/06/20162547137/をもとに作成

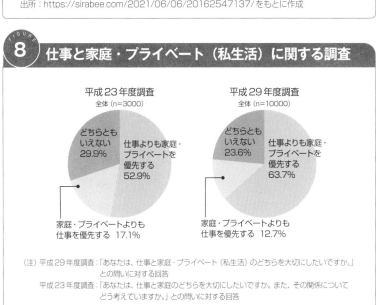

FIGURE 8 仕事と家庭・プライベート（私生活）に関する調査

平成23年度調査
全体（n=3000）

どちらともいえない 29.9%
仕事よりも家庭・プライベートを優先する 52.9%
家庭・プライベートよりも仕事を優先する 17.1%

平成29年度調査
全体（n=10000）

どちらともいえない 23.6%
仕事よりも家庭・プライベートを優先する 63.7%
家庭・プライベートよりも仕事を優先する 12.7%

（注）平成29年度調査：「あなたは、仕事と家庭・プライベート（私生活）のどちらを大切にしたいですか。」との問いに対する回答
平成23年度調査：「あなたは、仕事と家庭のどちらを大切にしたいですか。また、その関係についてどう考えていますか。」との問いに対する回答

出所：https://nalevi.mynavi.jp/solving_problems/management-training/8918/をもとに作成

経営層や上層部の部下へ任せる勇気

どんな意見でも耳を傾けることができたら、次に必要なのは経営層や上層部の「部下へ任せる勇気」です。どのような職種であっても、部下を抱える立場であれば「自分でやった方が早い」と思ったことはあるでしょう。しかし、いつまでもあなたが仕事を抱えてしまうと、部下は成長する機会が得られません。

1 「作業」だけでなく「責任」も任せる

部下を育てるのが苦手な人の特徴として、作業だけを任せてしまい、その目的や姿勢などの「責任を任せる」ことをしない人がいます。部下を育てるということは、目先の利益を取りにいくのではなく、「長期的にみて、数年後にレベルの高い人材が、多く育つことの方が価値が高い」ということを理解しておく必要があります。

もちろん未熟な部下に任せるので、短期的にはあなたの仕事量が増えるかもしれません。しかし、「部下を育てる」「部下に任せる」ということは未来のあなたや組織を助けることに繋がります。

2 経験が少ないからこそ良い考えが生まれる

できるようになってから任せるのではなく、失敗してもいいからやってみてもらうことで、部下の成長スピードは大きく変わります。

さらに、経験が少ない部下だからこそ、「フラットな考えでより良いアイデアが生まれる」こともあります。8〜9割できるようになったら仕事を任せるのではなく、まずは5割でもできるのであれば、任せて挑戦する機会を作りましょう。経営層や上層部がその「勇気」を持つことで組織は必ず良い成長を遂げることでしょう。

FIGURE **9** 仕事を任せられない悪循環サイクル

部下に仕事を
任せられない

上司の仕事が減らず
常に忙しい

部下を育成する時間を
確保できない

部下が順調に
育ってこない

部下の仕事能力を
信用しきれない

出所：https://project.nikkeibp.co.jp/decom/atcl/102800012/082600011/をもとに
作成

FIGURE **10** 5割できるようになったら任せる

「いつ任せる?」

5割しか
できなくても
任せる

8〜9割
できるように
なってから
任せる

出所：https://www.lifehacker.jp/article/236120time-investment-ogura1/をもとに作成

OODA のステップ1
観察（Observe）

ここまでで、OODAに必要な事と流れは理解できたかと思います。ここからは、具体的なステップごとにどのようにしていけば良いのかを解説します。

1 現状を把握する

まず最初のステップは、「観察」して現状の把握をすることです。このフェーズではPDCAサイクルのように計画するのではなく、既にプロジェクトが進んでいるときに行います。

例えば店舗ビジネスであれば、

・何時に来店が多いのか

・何曜日に来店が少ないのか

・平均すると時間当たりどのくらいの来客か

など、時間や曜日、季節などに分けて数字などを使いながら「比較」できるようにします。その他にも、競合はどのようにしているのか、去年と比べてどうなのか、など現在の状況をより具体的に把握していきましょう。

2 感覚でとらえない

気をつける点として、「なんとなくこう思う」などの感覚的なものではなく、できるだけ「具体的なデータ」にしていくとその後の仮説が立てやすくなります。このフェーズでは「こうなるだろう」という思い込みを入れずに、誰にでも現在の状況がどのような状態なのか説明できるようにすることがポイントとなります。

11 観察とは

O

Observe
観察

現状・予後の把握

現状の把握および予後を把握する。
情報の意味付けはしない。

出所：https://note.com/pupu_ssc/n/n3011e2acdc26をもとに作成

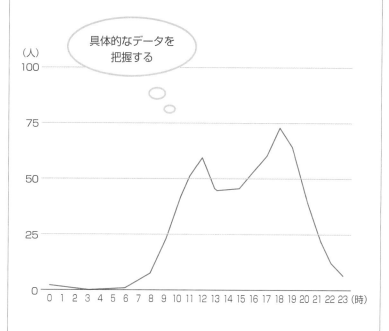

12 スーパーマーケットの時間別利用者指数（平日）

具体的なデータを
把握する

出所：https://www.itmedia.co.jp/business/articles/2004/27/news088.htmlをもと
に作成

OODA のステップ2
仮説構築 (Orient)
オリエント

　次に、現状把握の結果を分析して、どのようにすれば状況を改善できるのかという「仮説」を立てていきます。まだ仮説の段階なので、行動に移すかどうかではなく、現在の状態から立てた仮説によって良くなるのかを考えます。

1　完璧な仮説は求めない

　仮説は「答えを出す」というものではなく、「こうなったら良くなるのではないか？」といった「多分」や「おそらく」で構いません。完璧な仮説を求めてしまうと、意見が出なくなってしまいます。OODAでは「考えて、考えて、答えを出そう」ではなく、変化する状況に合わせて仮説を立て、実行してみることで、サイクルを早く回せることが最大のメリットです。なので「もっと情報が集まれば」「もっと分析の時間があれば」という考え方ではなく、仮説を立てて実行をして、進めながら軌道修正するようにしていきましょう。

　先ほどの店舗ビジネスの例でいえば、

・来店数が少ない時間は時短営業にしよう

・この曜日は来店が少ないからイベントを行ったらどうか？

・極端に来店時間が偏る場合はタイムセールなどで分散させよう

など、状況観察した結果を元に、さまざまな「仮説」を立てます。

2　演繹法と帰納法
えんえきほう　きのうほう

　仮説の立て方として有名なのが**演繹法**と**帰納法**です。演繹法は、「ルールや一般論」と「観察事項」の2つの情報から結論を導き出す思考法です。帰納法は、複数の事実から共通点を抽出し、それを根

拠に結論を導き出すという推論法です。

「演繹法」と「帰納法」のどちらも、過去の経験や事例によって導き出されるものであり、「正解を導き出す」ことに向いています。OODA は、完璧な答えを導き出す必要はありません。そこで OODA に適した方法として「結果からさかのぼって原因を推測」する、**アブダクション**という考え方があります。

3 結果に対して原因を推測する

例えば、アルキメデスの原理は、アルキメデスがギリシャの王様から「王冠が本物の純金で造られているか王冠を壊さずに調べるように」と命じられました。ある日の入浴時に、お湯が溢れたところを見て、溢れたお湯の体積と自分の体積が同じことに気づきました。その瞬間アルキメデスの原理のヒントを発見したといわれています。この例でいえば、帰納法を使うと「他の人でもお湯は溢れるのだろうか」「他のモノでもお湯は溢れるか」といったように「お湯が溢れたこと」に対して、他の類似の物ではどうなるか考えていきます。同じ例で、アブダクションの場合、「お湯が溢れるのは、浮力というものが存在するのではないか」といったように「お湯が溢れた結果」に対して、その背景にある「原因を推測」するのがアブダクションになります。

FIGURE 13 仮説構築とは

HOPE を考える

方向性・方針を決める。
自分が何をしたいのか、どうなりたいのかを考える。

Orient 状況判断

出所：https://note.com/pupu_ssc/n/n3011e2acdc26をもとに作成

OODA のステップ3
意思決定（Decide）

ステップ3ではステップ2で出した仮説の中から、最適なものを選んでいきます。

1 「サイクル」と「ループ」

ステップ3では、例えば、

・23時以降の来店がないので、営業時間を短縮してみる

・水曜日の女性客が少ないから、水曜日をレディースデイにする

・14時〜17時は空くので、タイムセールをする

など、ステップ2の仮説で出したものから具体的にできるものを決めていきます。

PDCAはPDCA"サイクル"と呼ばれるように、1回サイクルを回して、次の計画を立てていきます。OODAはOODA"ループ"なので、1回サイクルを回す前に、1つ前のフェーズに戻って修正することも可能です。仮説が合わなければ、また観察から見直しましょう。OODAの最大の強みは、どんどん試して修正し、スピーディーに良い方向へ向かうことができる点です。仮説で上げたものが、意思決定の段階で使えなくても、落ち込まず、積極的にチャレンジしてください。これを繰り返すことで、意思決定の段階で、実際に行動ベースの明確な予想が立てられるようにもなります。

2 それぞれの立場で積極的に行動する

OODAは、基本的には最前線に立つ、現場の人が進めていきます。あなたが現場の人であれば、積極的に行動に移していく。あなたが上層部の人であれば、信頼し、良い結果が出るようにサポートしま

しょう。いまやらなくても良いことではないのか？　ということが実は組織にとって、未来を良くしていくための意思決定に繋がることも多々あります。第34代アメリカ大統領、ドワイト・D・アイゼンハワーは1954年の演説中に「私は緊急なものと重要なもの、2種類の問題を抱えている。緊急なものは重要ではなく、重要なものは決して緊急ではない」と言いました。OODAでは「緊急性が高く、重要なこと」「緊急ではないが、重要なこと」が多々出てきます。組織として成長させるためには、「緊急ではないが重要なこと」も種まきとして取り組むことで、組織を成長させていきます。

FIGURE
14　意思決定とは

D Decide
意思決定

目標決定プランの決定
医療職とともに、ゴールを決定する。
ゴールに向かうプログラムにも承諾する。

出所：https://note.com/pupu_ssc/n/n3011e2acdc26をもとに作成

FIGURE
15　緊急度と重要度のマトリクス

	緊急	緊急ではない
重要	重要かつ緊急 **DO** すぐにやる	重要だが緊急ではない **DECIDE** いつやるか決める
重要ではない	重要ではないが緊急 **DELEGATE** 誰かに頼る、あるいは任せる	重要でも緊急でもない **DELETE** 削除する

出所：https://toyokeizai.net/articles/-/536890?page=2をもとに作成

OODA のステップ4
実行（Act）

最後に、ステップ4ではステップ2で決定したことを実行に移します。

1 何度も繰り返す

このフェーズでは「意思決定」段階で決定した計画を実行します。
ステップ4では、例えば、

・営業時間の短縮を告知し、可能な限り早く短縮する

・水曜日がレディースデイになったことをチラシでポスティング

・タイムセールの際はのぼりを出すようにする

など、ステップ2で決定したことを実際に行動をしていきます。

その後また、実行した結果をステップ1の観察から行って、ループを繰り返して改善をしていきます。OODA は "ループ" ですので、一度実行したら終わりではなく何度も何度も繰り返し、目的や目標に向かって邁進しましょう。

何度も「素早く」繰り返すことによって、圧倒的に優位な状況を作り出しましょう。

いざ、「OODA をやってみよう！」となると、意外と考えすぎて行動までいかないパターンもよく聞きます。

しかし、OODA は車の運転の例であげたように、あなたが日常的に行っていることを仕事でも行えば良いだけです。

あまり気負いせずに取り組んでみてください。

16 実行とは

A
Act
実行

プログラム実施

実際にアプローチを実施する。
その結果を自身で体感、把握してループする。

出所：https://note.com/pupu_ssc/n/n3011e2acdc26をもとに作成

17 PDCA サイクルと OODA ループの比較

状況		
想定外のことが起きない	想定外のことが起きる	

戦略	大量破壊・消耗戦 第1〜3世代戦略（1970年代まで）	スピード・機動戦 第4〜6世代戦略（次世代）

PDCA

指揮命令：想定外を気づかない

計画
(Plan)

改善　　評価　　実行
(Act)　 (Check)　(Do)

統制：管理職が現場を管理する傾向になりがち

OODA

気づき：想定外を認める

見る (Observe) / わかる (Orient)

外部観察　見込む　インテリジェンス　アナリティクス
戦略誘導
内部観察　見込む　ナレッジマネジメント　シチュエーションルーム

見直す　見込む　戦略誘導

行動
(検証)

見直す　見込む

論理を重んじた決定（仮説）　直観

動く (Act) / 決める (Decide)

自律分散：リーダーが現場を支援する

行動

出所：https://iandco.jp/%E6%88%A6%E7%95%A5%E3%83%A2%E3%83%87
%E3%83%AB/pdca%E3%81%A8ooda%E3%81%AE%E6%AF%94%E8%
BC%83/をもとに作成

95

「ランチェスター戦略」や
「孫子の兵法」も
「OODA」と同じ軍事行動の
オペレーションから始まった!?

「**ランチェスター戦略**」をご存じでしょうか。ランチェスター戦略は、第一次世界大戦時、イギリスのフレデリック・ランチェスター氏が提唱した戦闘法則「ランチェスターの法則」を元に、戦後、田岡信夫氏が販売戦略としてビジネスに応用したものです。高度成長期以降、マーケティング理論として多くのビジネスシーンで使われるようになった経営戦略の一つです。ランチェスター戦略は1970年頃から日本のビジネスで多く使われ、多くの企業を弱者の戦略で成長させていきました。

ランチェスターの法則は、「第一法則」と「第二法則」があり、それぞれ状況に合わせて使用していきます。

ランチェスターの第一法則は、近距離の相手に対して「戦闘員数×武器能力」で勝負をしていきます。実際の経営では、ドミナント戦略がこれに当てはまります。武器の能力が同じであれば数が多い方が戦闘力があり、勝てるというものです。

ランチェスターの第二法則は、広い範囲での戦略で、「戦闘員数の二乗×武器能力」で戦闘力を計算します。

実際の経営戦略としてどのように使われているのかというと、第一法則は「弱者の戦略」、第二法則は「強者の戦略」として使われています。この場合の強者とはマーケットシェア1位の企業を指し、2位以下を弱者として戦略立てている場合がほとんどです。つまり、ほとんどの企業は弱者の戦略である第一法則が当てはまります。

このように、ランチェスター戦略もOODAも元は軍事行動の戦略からきています。**ビジネスは現代の戦争**ともいわれています。**形は違えど、ライバル（敵）を倒すためにどうすればいいのか、その戦略が軍事行動からきているランチェスター戦略やOODAが当てはまるのは至極自然**といえるでしょう。

さらに軍事行動の大元を辿ると、一番有名なのは「**孫子の兵法**」でしょう。孫子の兵法は約2500年前に書かれた、もっとも有名な本といっても過言ではありません。ソフトバンクグループの創業者である孫正義氏やマイクロソフトの創業者であるビル・ゲイツ氏など多くの経営者や歴史の偉人が孫子の兵法を読んでいます。

孫子の兵法は、紀元前から現代まで世界中の偉人たちが読み、影響を受けています。このことからも**どのような時代背景であっても、孫子の兵法は活かせる**ことがわかると思います。

ランチェスター戦略、孫子の兵法、OODAループ、どれも時代や環境が変わっても、軍事戦略があらゆるシチュエーションで通用するということは、「**人の行動心理は大きく変わらない**」ともいえるのではないでしょうか。

OODAに興味を持ち、本書を手にとっていただいたあなたにはOODAを古い戦略だから自分には関係ないと思わずに、基本的な経営戦略や企業の在り方を再認識できる機会と捉え、積極的に実践していってもらいたいと思います。

軍事戦略として使われていたものを、ビジネスに応用することで、様々な場面で役に立つことでしょう。

MEMO

OODAの活用事例

　コロナ禍やWeb3時代を背景に、数年前には想像できない社会が訪れました。このような予測不能な変化の中でも、素早く状況を判断して、次々と仮説を立てて実践していくことで、他社を圧倒する実績を出している企業がたくさんあります。ここでは、実際の活用事例を解説していきます。

OODA で成功している企業は何が違うのか

　OODAの一番の特徴は、「問題が起きている現場で解決していくこと」です。OODAで成功している企業といえば、夢の国である「ディズニーリゾート」や一流ホテルの「ザ・リッツカールトン」などがあげられます。SNSなどでも現場のスタッフが、「臨機応変」に顧客満足のための「神対応」の行動をして話題になります。もし現場に裁量権がなく、上長に指示を仰いでいたら、時間もかかり「神対応」は生まれないでしょう。

1　「考える癖」が必要

　OODA で成功する企業と成功しない企業を比べると、働く人全員に「考える癖」があるかどうかが大きく関わってきます。マニュアル通りに仕事を進めるのはもちろんですが、マニュアルから「さらに良くできないのか」と考える癖がついていれば、いままでにないまったく新しい発想や、顧客の裏をついた商品などを思いつくきっかけもできます。

2　成功事例を集めて改善を繰り返す

　OODA から生まれる成功体験を繰り返すことで、モチベーションアップにも繋がります。さらに成功体験を社内で共有することによって、別の判断材料にも繋がり、OODA を通しての試行錯誤がしやすくなります。OODA で成功している企業の特徴は、上層部は現場の成功事例を集めて、その事例を共有し、現場はその事例を参考にしながら改善を繰り返していることです。これが、OODA で成功している企業の大きな特徴といえます。

ザ・リッツカールトン元社長の高野登氏も、ザ・リッツカールトンではPDCAのような普遍的な概念ではなく、OODAを大切にしていて、特に最初のObserve、観察する行為が最も重要で、大切であり、何気ない日々の風景を観察する習慣をつけることで、気づきを得たり、アイデアが浮かんでくるともいっています（引用：https://recruitshineblog.com/entry/2018/05/25/233127）。

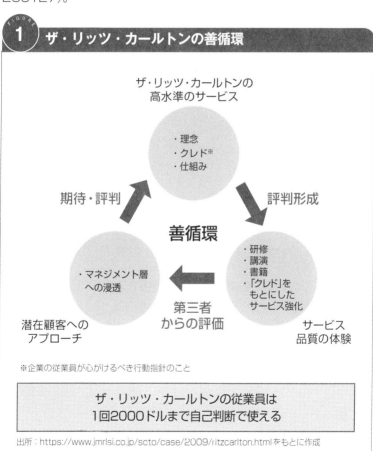

FIGURE 1　**ザ・リッツ・カールトンの善循環**

ザ・リッツ・カールトンの
高水準のサービス

・理念
・クレド※
・仕組み

期待・評判

評判形成

善循環

・研修
・講演
・書籍
・「クレド」を
　もとにした
　サービス強化

・マネジメント層
への浸透

第三者
からの評価

潜在顧客への
アプローチ

サービス
品質の体験

※企業の従業員が心がけるべき行動指針のこと

ザ・リッツ・カールトンの従業員は
1回2000ドルまで自己判断で使える

出所：https://www.jmrlsi.co.jp/scto/case/2009/ritzcarlton.htmlをもとに作成

活用事例① 富士通

富士通はVUCAの予測困難な時代に対して、デジタルビジネスへ取り組み、持続的な成長をするために提唱した「FUJITSU Knowledge Integration」を、事業革新や事業創出のアプローチとして位置付け、OODAを使いながら実現することを目標としています。

1 FUJITSU Knowledge Integration
ナ　レ　ッ　ジ　インテグレイション

「FUJITSU Knowledge Integration」とは富士通がこれまで50年に渡り幅広い業種で培った知見・ノウハウをベースに、SoE・SoR（IT システム）などの様々なニーズに対応していくための、新たなコンセプトです。

2 富士通の3つのループ

富士通は下記の3つをループさせ、共創のためのサービス体系として取り組んでいます。

①新しい技術の動向・先進事例などの情報を集める
②集めた情報をベースにアイデアを考える
③アイデアを素早く実行する

このように、アイデア実現に向けて、必要に応じて他社が提供するクラウド環境なども活用しながらOODAループを使い改善しています。

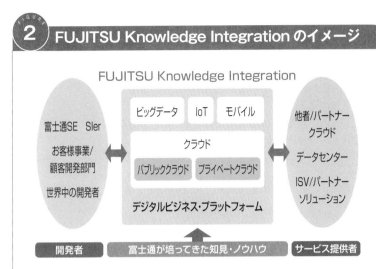

FIGURE 2

FUJITSU Knowledge Integration のイメージ

FUJITSU Knowledge Integration

| ビッグデータ | IoT | モバイル |

クラウド

| パブリッククラウド | プライベートクラウド |

デジタルビジネス・プラットフォーム

富士通SE SIer
お客様事業/
顧客開発部門
世界中の開発者

他者/パートナー
クラウド
データセンター
ISV/パートナー
ソリューション

| 開発者 | 富士通が培ってきた知見・ノウハウ | サービス提供者 |

出所：https://pr.fujitsu.com/jp/news/2015/05/12.html をもとに作成

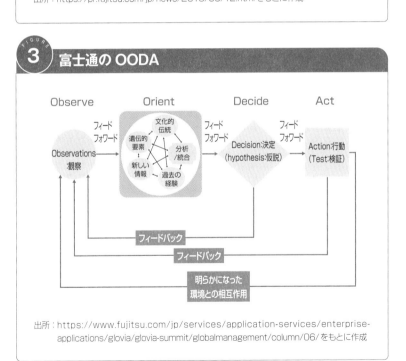

FIGURE 3

富士通の OODA

Observe　　Orient　　Decide　　Act

Observations
:観察

フィード
フォワード

文化的
伝統
遺伝的
要素
新しい
情報
分析
/統合
過去の
経験

フィード
フォワード

Decision:決定
(hypothesis:仮説)

フィード
フォワード

Action:行動
(Test:検証)

フィードバック

フィードバック

明らかになった
環境との相互作用

出所：https://www.fujitsu.com/jp/services/application-services/enterprise-
applications/glovia/glovia-summit/globalmanagement/column/06/ をもとに作成

活用事例② ナビスコ

アメリカの菓子メーカーであるナビスコは、スーパーボウルの試合中に、臨機応変な対応によりRTMを実行し、大きな宣伝効果を生み出しました。

1 即座に情報収集と発信をする体制作り

アメリカンフットボールの「スーパーボウル」というイベントがあります。スーパーボウルは、アメリカで最も人気の高いスポーツイベントで、このテレビCMの料金は30秒で約5.5億円（2022年12月換算）ともいわれています。

2013年に実施されたこのスーパーボウルの試合中に、34分もの停電が発生しました。ナビスコのソーシャルメディアチームは、この停電時に即座に反応して、「停電中でもオレオはミルクにダンクできる」というジョークを発信しました。このジョークは、2万件以上の「いいね」と1万5千件ほどのリツイートをもらい、テレビCM以上の宣伝効果を生み出したといわれています。

これは、たまたまTwitterでバズったわけではなく、あらかじめしっかりと宣伝効果を生み出すための「体制」が整えられていました。ナビスコはこのとき、コピーライターなど15人からなるSNSチームを作りスーパーボウルの試合中、様々な状況に対して10分以内に対応できるよう体制を整えていました。上司の確認をとってから行動するのではなく、現場の判断で即対応することによって、とても高い宣伝効果を得ることができました。

2 RTM（リアルタイムマーケティング）

　スーパーボウルのような、スポーツの試合や大きなイベントの際に、試合結果などの今起きている状況に合わせた内容を Twitter にリアルタイムでツイートすることを **RTM（リアルタイムマーケティング）** といいます。

　以前は、テレビ CM が企業の一番効果の高い宣伝方法とされてきましたが、現在ではテレビ以外のスマートフォンやパソコン、タブレットなど**セカンドスクリーン**と呼ばれる媒体での宣伝効果も非常に高くなっています。

　この例のように、SNS を使い即座に情報を収集、発信することで、宣伝したい商品を多額の広告費をかけることなく宣伝することも可能です。

FIGURE 4 **ナビスコ オレオの Twitter 画像**

OREO Cookie
@Oreo

Power out? No problem.

RTMで
テレビCM以上の
宣伝効果に！

YOU CAN STILL DUNK IN THE DARK

出所：OREO Cookie公式ツイッター

活用事例③　ユニ・チャーム

生活用品のメーカーとして知られるユニ・チャームは、2019年からOODAループを採用しています。元々はPDCAサイクルを基盤にユニ・チャーム独自の手法として、SAPS手法を使っていました。

1　SAPS 手法とは

SAPS 手法とは、

① Schedule（スケジュール）
② Action（アクション）
③ Performance（パフォーマンス）
④ Schedule（スケジュール）

の4つの頭文字をとっています。

　1つ目の Schedule（スケジュール）は、考えと行動のスケジュールを立てます。Action（アクション）は、立てた計画通りに実行し、Performance（パフォーマンス）で、結果から反省点と改善点を出します。そして2つ目の Schedule（スケジュール）で、反省点や改善点から次の計画を組み立てていきます。

2　SAPS から OODA へ

　この SAPS は、**外的要因（環境）**による変化に対応できないことがあるため、ユニチャームは SAPS をさらに進化させた方法として、OODA ループを取り入れました。

OODA を取り入れることによって、現場の情報を従業員へ共有して、従業員が自分で判断をして、最初に立てた計画にこだわらず、常にやり方を見直していき、働きやすくしたことが成功に繋がりました。

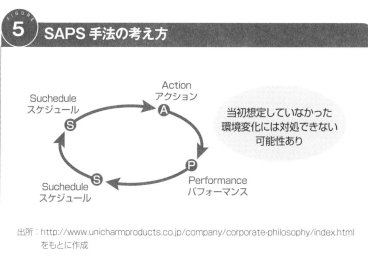

FIGURE 5 SAPS 手法の考え方

Action
アクション
A

Suchedule
スケジュール
S

当初想定していなかった
環境変化には対処できない
可能性あり

P
Performance
パフォーマンス

Suchedule
スケジュール
S

出所：http://www.unicharmproducts.co.jp/company/corporate-philosophy/index.html
をもとに作成

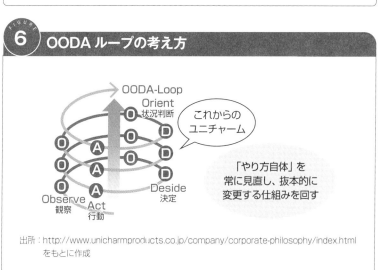

FIGURE 6 OODA ループの考え方

OODA-Loop
Orient
状況判断
O

これからの
ユニチャーム

O　　D
A
O　　D
A
O　　D
A

「やり方自体」を
常に見直し、抜本的に
変更する仕組みを回す

Deside
決定

Observe　Act
観察　　行動

出所：http://www.unicharmproducts.co.jp/company/corporate-philosophy/index.html
をもとに作成

活用事例④ 製造会社

製造会社ではどのようにOODAを活用しているか、MITSUBISHI
ELECTRICの例でみてみましょう。

1 製造会社での活用方法

まずは、各工程の生産進捗を把握します。例えば、現状把握の仕
方は、日々の実績や進捗をエクセルや紙媒体で確認しているとしま
す。その現場に対して「ファイルを開く」「紙媒体をみる」など工程
が多くなればなるほど確認に時間がかかることがわかったとします。

確認に時間がかかるということは、進捗の遅れが起きていること
に気づくのが遅くなってしまったり、ある製造工程では手待ちの時
間ができてしまったりすることになりかねません。

そこで工程の進捗遅れの確認などにソフトを使い、ワンクリック
で進捗状況の確認や指示ができるようになれば時間を短縮できない
か、と仮説を立てます。そして、仮説で立てたものを実際に実行して、
改善をしていきます。

2 DX化で効率化

この MITSUBISHI ELECTRIC の例は、あくまで製造業の中でも
一例ですが、多くの製造業に当てはまる事例といえるでしょう。

製造会社の多くは、まだまだアナログな管理を行っているところ
も多いと思います。製造工程や管理の仕方など、IoT などの IT 技術
や DX化を取り入れていけば、より効率的に工場全体が改善されて、
自社の強みや技術を伸ばすきっかけになるでしょう。

7 OODA と PDCA の比較

変化に柔軟な OODA		計画ありきの改善に最適な PDCA
スピードアップ	目的	業務改善
攻め	タイプ	守り
スピーディ	スピード	じっくり
現場	判断	上位
実績、事実	データ	計画、見込
事後	タイミング	事前

出所：https://mdsol.satori.site/wp_OODA-SeizouDX.html?_ga=2.6899698.
1587915998.1670908817-1887281935.1668393894&_fsi=dYs2FiW6
をもとに作成

8 MITSUBISHI ELECTRIC の例

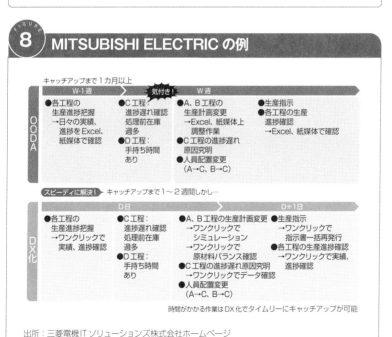

出所：三菱電機ITソリューションズ株式会社ホームページ

活用事例⑤　商品販売

商品販売の活用事例として、売上が伸びないことに悩んでいる
会社を想定して具体的な活用例をあげていきます。

1　OODA で売り上げアップさせる

以下のような流れで実践していくと良いでしょう。

① 「観察」して、市場の動向や営業担当の活動など、状況を以下の
ように、正確に把握していきます。

　・新規顧客の売上獲得が減少

　・営業担当ごとの商談数は大きく変わらない

　・営業担当により受注数に大きな差がある

② 「状況判断」して、以下のような仮説を立てます。

　・当により営業スキルに違いがあり、受注数に差が出ている可能
　　性が高い

　・受注数の多い営業担当の流れをトークスクリプト（台本）にし
　　たらどうか

　・トークスクリプトを使うことで、組織全体の営業力がアップす
　　るのではないか

③ 「意思決定」として、費用対効果、時間対効果と実行のしやすさ
を踏まえて、受注数の多い営業担当の会話を録音し、共有するこ
とにします。

④ 「実行」として、売れる営業の流れを共有して、営業担当ごとの
受注数に変化があるか効果測定します。

2 様々な事業で応用する

　このような形をループして繰り返すことによって、商品は違っても、多くの事業で活用できます。自社の場合はどうか、まずは観察から始めてループを繰り返していきましょう。

FIGURE 9　トークスクリプトの例

挨拶
おはようございます。
お世話になっております。
□□のサービスを提供しております、株式会社△△の○○と申します。

導入
・お使いのパソコンに導入するだけで業務コストを半減させられる、××の新しいサービスについてのご案内です。

・現在、100以上の企業様で経費節減の効果があるとご好評のツールをご案内しているのですが、××についてお困りになっていることはございませんか

不在 → 担当者の帰社時間を確認
さようでございますか。
それでは改めてお電話差し上げますので、恐れ入りますが、ご担当責任者の方が戻られるお時間を教えていただけますでしょうか?

拒否 → 目線を変えたトークがポイント
弊社では××において〜〜な実績を持っておりまして、この度は弊社の××に関して有益な情報をご提供させていただきたく、お電話差し上げました。
御社の情報収集のためにお聞きいただくだけでも結構ですので、1分ほどお時間をいただけませんでしょうか?

 OK → 担当部署へ

 NO →
かしこまりました。
お忙しいところ失礼いたしました。
ありがとうございました。

挨拶
株式会社△△の○○と申します。
いつもお世話になっております。
この度は××に関してご案内をさせていただきたくお電話差し上げました。

本題
1. サービスの概要を説明する
2. 相手がどんなメリットを享受できるか伝える
3. 詳細を説明する

クロージング
ぜひ資料とともに詳しいご説明をさせていただきたいのですが、
・○日か○日でしたら、どちらがお時間取りやすいでしょうか?
・○日の午後でも大丈夫ですか?

出所：https://hrog.net/knowhow/strategy/94378/をもとに作成

活用事例⑥　飲食店

ここでは、飲食店を例にして営業時間を決定する方法を、具体的な事例でみていきましょう。

1　営業時間を OODA で決める

例えば、居酒屋 A が夕方5時から深夜1時まで営業をしていたとします。

①まずは、「観察」をしていきます。営業時間中の店舗前の交通量や入店数、さらにどの商品が注文されるかなど、店舗の状況を具体的に確認できるように、ツールなどを使いデータ化していきます。そこから、店舗前に何人通ったのか、入店率を視覚化してみると、直近1年は23時を超えると交通量も来店数も少ない傾向が続いていることがわかります。

②そこで、「状況判断」として営業時間を深夜1時から23時までに変更することで、人件費や無駄な経費が抑えられて、利益率が伸びるのではないかと「仮説」を立てます。

③「意思決定」の段階として、お店の営業時間を23時までに変更することを決め、従業員への告知や店舗に事前に張り紙をして、いつから営業時間が変わるのかなどを周知していきます。

④「実行」として決定した日時からスタートさせ、必要であれば改善を繰り返します。

2 変化の激しい時代に OODA を取り入れる

　昔ながらの飲食店などは、来店数や注文される商品数を数値化して、グラフ化しているところは少ないかもしれません。

　「うちは売上に困っていなから…」と思うのではなく、さらに売り上げを伸ばしたり、変化の激しい時代を生き残るために、今のうちから OODA を取り入れてみるのはいかがでしょうか。

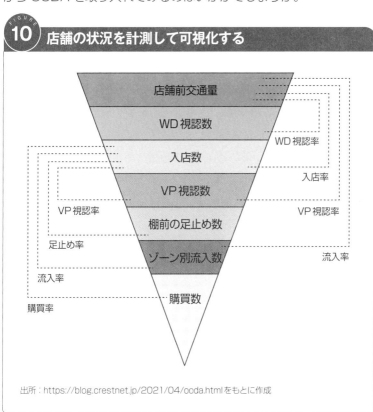

FIGURE 10　店舗の状況を計測して可視化する

出所：https://blog.crestnet.jp/2021/04/ooda.htmlをもとに作成

活用事例⑦　美容室

一見OODAとは関わりのなさそうな美容室ですが、意外にも活用できる事例の1つです。

1 オペレーションを OODA で決定する

美容室では、まず最初に施術前の準備段階として、ヒアリングといって、顧客がどのような髪型にしたいのか、どのような髪質なのか、何か髪に関する悩みはあるか、などの「観察」を行っていきます。そして、ヒアリングした内容から顧客の仕上がりをイメージします。そこからイメージ通りになるように施術をし、仕上げしていきます。このように一対多のビジネスだけではなく、美容室などの一対一のサービスに対しても OODA ループは真価を発揮します。

2 近隣店と比較する

さらに、お店全体として OODA ループを回すこともできます。例えば近隣の店舗を「観察」してみると、カラー専門店が増えてきたことがわかり、お店の売上としても、データからカラーをする顧客が減ったことがわかったとします。そこから、カラーリングだけしたい顧客が多いことがわかります。

仮説として、カラーをサブスクリプションとして、定額で割安で利用できるコースを作ってみたらどうかを考え、意思決定していきます。

そして行動に移して、サブスクリプションの安定収益をあげていくことも可能です。

FIGURE
11
訪問美容の施述の流れ

訪問・準備

↓

カウンセリング

↓

施術・仕上げ

出所：https://job-medley.com/tips/detail/11780/をもとに作成

FIGURE
12
OODA ループの取り組み

・最近、前髪カットやカラーリング
のお客様が15%程度減った
・近所に前髪カットやカラーリング
の専門店ができた
・若いお客様はよく知っていた

・前髪カットやカ
ラーリングは定
額×多頻度の方
がニーズがあり
そう
・若いお客様がそ
ういう店を利用
しているが、徐々
に年配のお客様
にも普及しそう

・固定客のお客様には前髪カット
とカラーリングの割引をする
・新規客を狙い、前髪カットとカ
ラーリングをサブスクで提供

・固定客の割引利
用が増えた
・固定客でもサブ
スクモデルの利
用が一定数ある
・サブスクモデル
の新規客は若い
層を中心に利用
されている

Observe
観察

Orient
状況判断

Decide
決定

Act
行動

出所：https://www.mhlw.go.jp/content/000961264.pdfをもとに作成

活用事例⑧　新規事業開発

OODAは「事例のないこと」に上手く活用することができます。例えば、「新規事業開発」では、いままでにない新しい発想や固定概念に縛られない計画が必要と思われがちですが、OODAを利用することで、新たなアイデアを導くことができます。

1 「新規事業開発」は OODA そのもの

新規事業開発に無駄な時間をかけてしまうと、行動を起こす頃には当初の計画が当てはまらずに、時間とお金を無駄にしてしまうかもしれません。新規事業開発への OODA 利用の流れを見てみましょう。

「新規事業開発」の流れは正しく、OODA ループそのものです。

① 「**観察**」　　…事業環境を分析する

② 「**状況判断**」…分析結果から事業アイデアを抽出する

③ 「**意思決定**」…テーマやコンセプトからどう動くのかを決定する

④ 「**実行**」　　…実行に移す

新規事業開発は、いままでにないまったく新しい斬新なアイデアが必要です。OODA が観察や分析から始まるように、既存の事業を観察・分析することで新たなアイデアが生まれてきます。

2 多くの最適案を出す

新規事業（商品）を販売する場合、既存の商品とは違い、認知度が低いため、興味を持ってもらうことが難しいです。そのため、OODA ループを、とにかく数多く分析してアイデアを出して、状況に合わせた最適案を出せるのかが鍵になってきます。

新規事業開発では、OODA 以外にも**アンゾフの成長マトリクス**

や**両利きの経営**など様々な切り口があります。OODA と上手に組み合わせながら試してみてください。

13 新規事業開発への取り組み方　何を任せるか？を選ぶ

STEP1	事業環境を分析する	・積極的に活かすべき強みは？ ・活かすべきチャンスとは？
STEP2	事業アイディアを抽出する	・自由な発想で ・強みや機会を活かした
STEP3	事業テーマを決定する	・実現可能性は？ ・リスクの程度は？
STEP4	事業コンセプトを決定する	・誰に何を提供するのか？
STEP5	施策と社内体制の検討	・事業内容は？ ・収益構造は？
STEP6	事業計画を策定する	・プロセス、スケジュール ・目標、評価手法、賃金
STEP7	事業計画の進捗管理	・PDCA

GOAL

出所：https://circu.co.jp/pro-sharing/mag/article/1790/をもとに作成

14 アンゾフの成長マトリクス

製品

		既存	新規
市場	既存	**市場浸透** 既存の市場×既存の製品 購買数・購入金額・リピート率を 高める（既存製品の売上拡大）	**新商品開発** 既存の市場×新規の製品 関連商品や機能追加商品を販売 （既存顧客に新しい製品を売る）
	新規	**新市場開拓** 新規の市場×既存の商品 海外進出や、顧客ターゲットの変更を 行う（新規顧客に既存製品を売る）	**多角化** 新規の市場×新規の製品 新たな収益機会を得る （新規顧客に新しい製品を売る）

出所：https://blog.nijibox.jp/article/howto_ansoff_matrix/をもとに作成

活用事例⑨ 営業部門の業務改革

「営業部門の業務改革」の具体的な方法としては、営業トーク（話し方）を変えてみたり、相談（面談）方法を変えてみたりする手法があります。

1 現状把握と最善方法の仮説を実行する

いくつも業務を増やせば、成果が出るというものでもありません。しっかりと現状を把握して、現在の最善の方法は何なのか、直接対面で営業するのが良いのか、オンラインの方が距離を気にせずに営業ができるため良いのかなど、数多くの仮説を立てます。

面談や販売ができなくても、次回コンタクトをとった際に売れるような仕掛けを作るなど、現場レベルでしかできないことも多くあります。

2 改善情報の共有をする

スピーディーな対応が必要な営業部門では、計画を入念に立てている間に、すでに変化が起こっているということがあります。OODAは、どの段階であっても、途中で任意の段階に戻って変化に沿って方向転換ができるため、急な外的要因の変化にも素早く適切な状況判断・意思決定・実行をすることが可能になります。

現場の一人ひとりがOODAを使い、改善していき、情報を共有することで営業部門全体、組織全体が改善され、よくなっていく事例も多くあります。

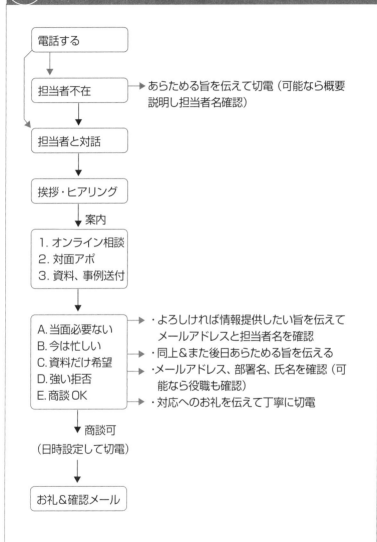

15 営業部門フロー

電話する

↓

担当者不在 ──→ あらためる旨を伝えて切電（可能なら概要説明し担当者名確認）

↓

担当者と対話

↓

挨拶・ヒアリング

↓ 案内

1. オンライン相談
2. 対面アポ
3. 資料、事例送付

↓

A. 当面必要ない ──→ ・よろしければ情報提供したい旨を伝えてメールアドレスと担当者名を確認
B. 今は忙しい ──→ ・同上＆また後日あらためる旨を伝える
C. 資料だけ希望 ──→ ・メールアドレス、部署名、氏名を確認（可能なら役職も確認）
D. 強い拒否
E. 商談OK ──→ ・対応へのお礼を伝えて丁寧に切電

↓ 商談可
（日時設定して切電）

↓

お礼＆確認メール

出所：https://saleshacks.digima.com/the-importance-of-the-sales-process/ をもとに作成

活用事例⑩　「目標管理制度」の改革

　「目標管理制度」を取り入れている組織も多いのではないでしょうか。英語では、MBO*といわれ、会社の方針と社員自身が目指す方向性を擦り合わせ、一人ひとりに目標を設定し、成果までの道のりを管理することを指します。

1　ドラッカーの提唱概念

　これは、アメリカの経営学者であるピーター・ドラッカーが提唱した「マネジメント」の概念です。働く人自らが、目標達成までを管理することで、やる気や達成感に繋がり、会社の利益やプロジェクトの成功に繋がるという考え方になります。

2　OODA をする事が目的になってはいけない

　OODA でよくある間違いが「OODA を実行すること」が目的や目標になってしまっていることです。MBO で各自の目標を事前に確認しておくことで、「OODA をすること自体が目的になってしまう」ことを防ぐことができます。

　MBO は以下の順番で、

・**目標設定**
・**目標達成のための方法を決める**
・**行動に移す**
・**反省、改善**

をしていきます。

＊ MBO　Management by Objectives の略。

目標や目的を達成するための OODA ですので、MBO で目標を明確にした上で実践することで、より改善されていく可能性は高いです。

FIGURE 16　MBO とは

	MBO
提唱	ピーター・ドラッカー
誕生時期	1954年
レビューの頻度	1年に1回
測定	組織によって様々
共有範囲	本人と上司
目的	報酬の決定
達成の期待水準	100%達成

出所：https://www.kaonavi.jp/dictionary/mbo/ をもとに作成

FIGURE 17　MBO の実践手順

社員の自己評価
＆
上司の客観的な
評価フィードバック

評価・振り返り

社員の目標設定

社員自ら設定
→上司や部署の
メンバーに共有し
内容や難易度を精査

手段を行動に移す

目標設定に向けた手段決定

目標管理シートを確認し、達成度の遅れや変更点は軌道修正する

達成に向けた「計画」を立て、目標管理シートを作成

出所：https://www.persol-group.co.jp/service/business/article/303/ をもとに作成

Column

保育園で採用されている D-OODA とは？

　ビジネスの商品販売などで主に利用されていると思われがちな OODA ですが、「保育の場」でも上手く使われています。

　栃木県にある認定こども園さくらでは、OODAを元にさらに発展させた「D-OODAサイクル」を採用しています。

　D-OODAサイクルとは、

① Design-保育計画を立てる
② Observe-保育者が保育の姿を眺める
③ Orient-保育の方向づけをする
④ Decide-決める
⑤ Act-実際に保育をする

の5つを回していくサイクルのことをいいます。

　そして、この園のすごいところは、振り返りを行えるように、保育者が1人1台iPod touchを所有し、園の日常写真を撮影していることです。撮影した写真はインターネット上にアップロードされ、保育者のコメントを添えて記録されています。

　様々な園で、同じような取り組みをした結果、多くの園で業務負担が軽減されたり、写真を職員と保護者で共有する機会が増えたりしています。

　働く先生たちからも、園に預ける保護者からも高い評価を得ることができているOODAの成功事例の1つとなっています。

▼ D-OODA サイクル

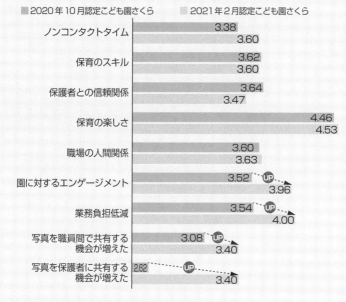

保育者が
保育の姿を眺める
<Observe>

 雑談・相談

 雑談・相談

こっちの方向に
向かっているのではないかと
保育の方向づけをする
<Orient>

実際に
保育をやってみる
<Act>

こっちの方向に向かうと
よさそうと決める
<Decide>

 雑談・相談

 雑談・相談

出所：https://lookmee.jp/case/detail_24.htmlをもとに作成

▼モデル園効果検証の結果

■ 2020 年 10 月認定こども園さくら　　■ 2021 年 2 月認定こども園さくら

項目	2020年10月	2021年2月
ノンコンタクトタイム	3.38	3.60
保育のスキル	3.62	3.60
保護者との信頼関係	3.64	3.47
保育の楽しさ	4.46	4.53
職場の人間関係	3.60	3.63
園に対するエンゲージメント	3.52 UP	3.96
業務負担低減	3.54 UP	4.00
写真を職員間で共有する機会が増えた	3.08 UP	3.40
写真を保護者に共有する機会が増えた	2.62 UP	3.40

出所：https://lookmee.jp/case/detail_24.htmlをもとに作成

MEMO

OODAを成功させる
ためには

OODAループを成功させる鍵の1つといえるのが、変化の
激しい状況の中で、問題に対しての反応スピードを最大限に
速くして、OODAループをできる限り「短く」していくこと
です。一度のループですべての改善を望むのではなく、繰り
返すことも重要といえます。このCHAPTER5では、OODA
を成功させるコツを解説していきます。

ヒックの法則・決定回避の法則・ジャム理論

CHAPTER
5
1

OODAの実践にあたり役立つ思考法として、ヒックの法則・決定回避の法則・ジャム理論について解説します。

1 ヒックの法則

ヒックの法則をご存じでしょうか。ヒックの法則とは、1952年にウィリアム・エドモンド・ヒックとレイ・ハイマンによって提唱された法則です。選択肢が多ければ多いほど、選択肢の数に比例して、どれを選ぶか決める時間も相対的に増えてしまうという法則です。

2 決定回避の法則

決定回避の法則ともいわれ、「選択肢が増えれば増えるほど人は選べなくなる」という心理効果を指します。 提案する商品・サービスが多すぎる場合、顧客は「どれを選ぶべきかわからない」と悩んでしまう可能性があるということです。 選択肢が多ければ多いほど選ぶ自由の幅は広がるものの、意思決定の際にはこれがかえって邪魔になります。

OODA を実践する際にも同じように、仮説の数が多ければ意思決定までの時間がその分かかってしまいます。

3 ジャム理論

また、**ジャム理論**というものもあります。社会心理学者のシーナ・アイエンガーが「24種類のジャム」と「6種類のジャム」をスーパーでそれぞれ並べ、試食率と購入率を比較した理論です。

実験結果は、6種類のジャムの購入率が27% も多く、購入率は10倍もの差がつきました。

　ジャム理論から見ても、OODA において選択肢の数は結果を大きく左右することがわかります。

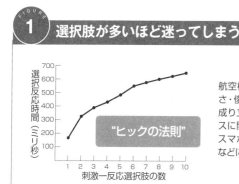

FIGURE 1　選択肢が多いほど迷ってしまう

選択反応時間（ミリ秒）

刺激一反応選択肢の数

"ヒックの法則"

航空機の操縦など、操作の正確さ・俊敏さが問われる環境下で成り立つ、人間のパフォーマンスに関する最も重要な 1 つで、スマホのインターフェース設計などに活用されています。

出所：「運動学習とパフォーマンス」（大修館書店）リチャード・A・シュミット著・調枝孝治訳をもとに作成

FIGURE 2　ジャム理論（"品揃え"や"質"が重要とは限らない）

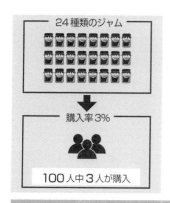

24種類のジャム

購入率3%

100人中3人が購入

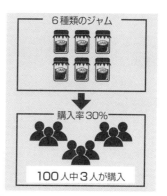

6種類のジャム

購入率30%

100人中3人が購入

「選択肢が多い＝選択される」ではない

出所：https://colorer-blog.com/behavioral-thinking-03/ をもとに作成

正しい「状況観察」を行う

OODAで最も大切なのは、「何を決めるか」といった意思決定プロセスよりも、適切な仮説を立てるための「正しい状況観察」といえます。

1 5W1Hを使って状況観察する

状況観察を正しく行うための方法として「5W1H」を使うと良いでしょう。5W1Hとは、

- **When（いつ）** …どの期間を指すのか、昨日なのか、過去1ヶ月なのか、過去1年間のことなのか、を明確にします。
- **Where（どこで）**…お店での出来事なのか、インターネット上でのことなのかを明確にします。
- **Who（誰が）** …顧客のことなのか、仕入れ先のことなのか、従業員のことなのか、観察先が誰なのかをしっかりと把握します。
- **What（何を）** …商品の売上のことなのか、トラブルに対してなのかを明確にします。
- **Why（なぜ）** …Whatで起きたことがなぜ発生したのかをリストアップし、仮説に繋げます。
- **How（どのように）** …Whyをどのようにして解決する方法があるのかを考えます。

このように、観察の方法が分からない場合や迷った場合には、まず「5W1H」に当てはめて考えてみてください。

2 「タイミング」と「テンポ」が必要

OODAを成功させるポイントとして、スピードがとても大切と解説しましたが、スピードは「早ければ良い」というものではありません。スピードと合わせて抑えておきたいのが、**タイミング**と**テンポ**です。もちろん早く行動を起こすのが、OODAの特徴でありメリットですが、最初に観察したときの情報不足や仮説を立てる際に持っている知識に間違いがあることも、考えておく必要があります。スピードだけが頭にあると、間違えた判断・意思決定・行動を早めるだけになってしまいます。

行動を起こすタイミングも、見計らう必要があります。「スピード」と「タイミング」を合わせて、行動に「テンポ」をつける必要もあります。相手に合わせて行動が一致するように、最適なタイミングにすることで最高のパフォーマンスを生み出すことができます。

FIGURE 3 5W1H

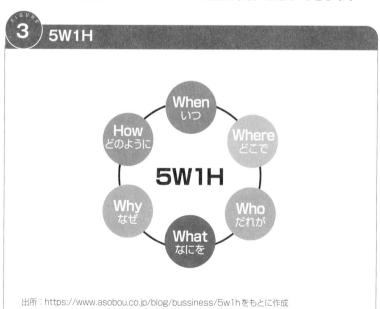

出所：https://www.asobou.co.jp/blog/bussiness/5w1hをもとに作成

OODA のデメリットを知って失敗を防ごう

何事にも良い点があれば悪い点も存在します。OODAにデメリットがあるから「OODAは使えない」ではなく、デメリットを理解することで、事前にトラブルを避けることができます。

1 デメリットも理解して損失を防ぐ

OODA を取り入れる際に、気をつけておくべきポイントがいくつかあります。ここでは、OODA を活用する際に、注意すべき部分をご紹介します。

デメリットを理解せずに取り組めば、防げた事故も大きな時間とお金の損失に繋がることも否めません。OODA は問題を観察してから取り組むように、OODA 自体に対してもメリット・デメリットをよく観察してから取り組んでみてください。デメリットの中には、OODA がそれぞれの過程で適切でない使われ方をしている場合もあります。

OODA が合わないと思ったのであれば、それは OODA のデメリットの1つなのか、それとも OODA の使い方を間違っているのか客観的に観察できるようにしていきましょう。

基本的に OODA は、トラブルや急なニーズが発生したときにスタートします。要するに、起きている状況を受けて、迅速に解決できるように動き出すのが OODA なのです。

そのため、計画的に「品質」や「作業」の効率化を計りたいといった業務改善には向きません。また、効果を測定する「修正」や「検証」などのフェーズがないので、長期的な改善の見直しにもあまり向いていないといえるでしょう。

FIGURE 4 バランスを取って運用する

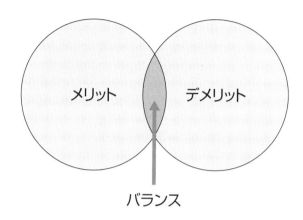

バランス

メリット・デメリットをよく観察してから
取り組もう！

FIGURE 5 OODA のデメリット

❶スタンドプレーが目立つ　➡　5-4 で解説

❷定型業務に向いていない　➡　5-6 で解説

デメリット①
スタンドプレーが目立つ

OODAのメリットとして、自発的に動けるような人材が育つことがありましたが、反対に個人としての行動をあまりにも強調しすぎてしまい、組織として輪を乱すような行動に繋がる可能性も出てきてしまいます。

1 「報・連・相」で情報共有する

指示待ち人間ではなく、個を尊重し、一人ひとりの判断力と行動力を身に着けるのが、OODA ですが、よく言えばアドリブと呼べるものも、結果が悪ければスタンドプレーといわれかねません。

ビジネスシーンではよく「**ホウ・レン・ソウ**」を使います。

「ホウ・レン・ソウ」とは以下の3つのことをいいます。

【報告】仕事の進捗や出来事の背景や結果などの状況を伝えること
【連絡】問題などの発生時や起きた出来事を正確に伝えること
【相談】迷ったときや判断を仰ぐ際にアドバイスをもらうこと

スタンドプレーが目立つ人が現れた場合、この「ホウ・レン・ソウ」が抜けている可能性があります。日々仕事をしていく中で問題は付き物であり、この情報共有を疎かにすることは組織の目標に対してマイナスに働く可能性が高いといえます。「ホウ・レン・ソウ」が疎かになる原因の1つとして、上司や同僚に相談しづらい環境ができ上がっていることが考えられます。その場合は「**オ・ヒ・タ・シ**」が当てはまっていないか、チェックしてみてください。

2 「オ・ヒ・タ・シ」とは

「オ・ヒ・タ・シ」とは、

・怒らない
・否定しない
・助ける
・指示する

という意味で、部下や現場の人が「ホウ・レン・ソウ」をしやすい環境を作るための合言葉です。失敗やミスをしているのであれば、怒ったり、必要な指示をすることは必要ですが、普段から人格を否定するような話し方では、コミュニケーションを取りにくくなってしまいます。ですので、要所要所で「オ・ヒ・タ・シ」を意識してみてください。

FIGURE 6 報・連・相とは？

「報告」「連絡」「相談」を略した言葉。ビジネスにおけるコミュニケーション方法を表す。

●報告とは
　仕事の進捗と経緯、結果など現在の状況を伝えること。
　次に何をするべきかを伝えること。

●連絡とは
　成約や顧客からのクレーム、会議での決定事項など、
　発生した事実を正確に伝えること。

●相談とは
　個人では決定に自信が持てないときや判断に迷うとき、
　上司や同僚にアドバイスをもらうこと。

出所：https://toma.co.jp/blog/software_it/horenso-saichumoku/ をもとに作成

---

5 コミュニケーションの重要性

コミュニケーションの取り方も、直接対面で話す以外にもメールやチャットなど、様々なコミュニケーションツールを上手く使うことで相談しやすい環境を作っていくことができます。社員同士のコミュニケーション不足はトラブルや、モチベーションの低下にも繋がります。

1 コミュニケーションのメリット

コミュニケーションがしっかり取れていれば、

・生産性の向上
・離職率の低下
・従業員満足度の向上
・顧客満足度の向上

など、様々なメリットがあり、さらに結果として企業イメージが向上するといったことにも繋がります。

2 「報・連・相」導入の3つのステップ

「ホウ・レン・ソウ」を始めるにあたっては、特別に何か用意する必要はありません。基本的に3つのステップで始めることができます。

①目的の明確化
②目的達成の手段を決定
③定期的に確認し、必要があれば改善

FIGURE 7 社内コミュニケーション活性化のメリット

> 1. 生産性の向上

> 2. 従業員離職率の低下

> 3. 従業員満足度の向上 (ES)

> 4. 顧客満足度の向上

出所：https://shanaiho-app.jp/column/1690/をもとに作成

FIGURE 8 報・連・相の導入ステップ

ステップ1：目的を明確にする
ぶれることなく報・連・相の導入を完遂できるよう
「何のために導入するのか」という目的を明確にする。

ステップ2：アプローチ方法を決める
目的を達成するために最適なアプローチ方法を選択
する。

ステップ3：導入して終わりにしない
プロジェクトを立ち上げ、定着の度合いを定期的に
チェックし問題点があれば改善する。

出所：https://toma.co.jp/blog/software_it/horenso-saichumoku/をもとに作成

デメリット②
定型業務に向いていない

OODAは、常に同じ作業をするような、「定型業務」にはあまり向いていません。変化する状況に合わせて、対応していくOODAですから、先がわからない変化のある状態であることが前提としてあります。

1 起きている問題を解決する「OODA」

外部の要因で変化を受けないような定型業務では、OODAよりもPDCAサイクルの方があっているといえます。ある程度、業務が決まっていて、その枠の中での効率などを求める場合は、計画から時間をかけて実行していくPDCAサイクルを回していくのが良いでしょう。

「結果を追求する」場合にはPDCAサイクルを使い、「起きている問題を解決したい」場合にはOODAが合うといえます。

2 PDCAとOODAの使い分け

戦後の日本の高度成長は、主に輸出向けの製造業が牽引しました。この製造業にPDCAサイクルは適しています。ただ、現代はすでに変化の激しい時代に入っています。定型的な業務が通じなくなった場合や非定型業務ではODDAを使い、上手に使い分けをしながら、状況に合わせて選択していきましょう。

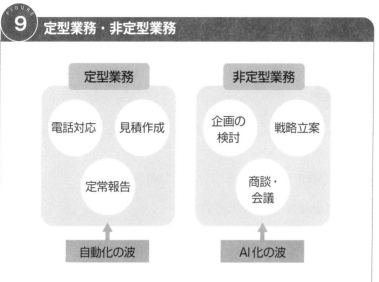

FIGURE 9 定型業務・非定型業務

出所：https://www.pref.hiroshima.lg.jp/soshiki_file/hint/idea/hatarakikata-idea108.pdf をもとに作成

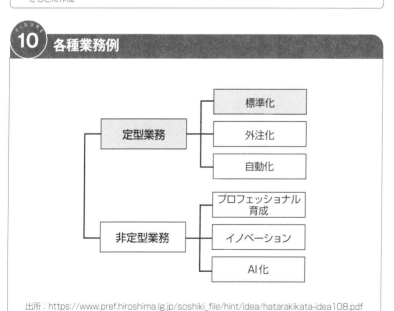

FIGURE 10 各種業務例

出所：https://www.pref.hiroshima.lg.jp/soshiki_file/hint/idea/hatarakikata-idea108.pdf をもとに作成

OODA 運用で失敗しないために

OODAを使うにあたって、常に変化する環境の中で、気をつけるべきポイントが5つあります。

1 OODA 活用で気をつける5つのポイント

①正確に必要な情報を集められない

例えば、サッカーが苦手な人が「私はサッカーが苦手だから、試合中の相手の動きはわからない」というように、そもそも「取り組み方が間違っている」場合があります。

②仮説の立て方

仮説を立てる中で「やることが多すぎる」と、仮説を実行した後の結果に大きくバラツキが出てきます。反対に実行した内容が「小さな変化」の場合、必要な行動が足りない場合もあります。例えば、「私はサッカーが苦手で、自分が何をしているのかもわからないので、考えられる案をすべて実施したいと思います」というように、考えがまとまらないから、とにかくすべて実行しようという考えでは、良い結果はなかなか出ないでしょう。

③決定段階で複数立てた仮説中から、最適な選択ができない

同じようにサッカーで例えるとしたら「いまのパスが通ったのは良かったとしても、そのパスが原因で試合に負けることに気づかない」など、選んだ行動が最適でなかった場合もあります。

④そもそも行動しない

十分な観察をして、最適だと思われる複数の仮説の中から、最も良いものを選んだとしても、行動をしなければ OODA は失敗だと

いえます。

　例えば、サッカーで絶好のシュートチャンスのときに、シュートをするかしないかで、数十秒も考えることはできません。意思決定をしてからも強い意思がなければ行動に移すことはできません。

⑤**行動を起こした後に「ループを回さない」**

　OODAループを一度だけ行動に起こしても、それはループとは言わず、改善の好循環にはなりません。

　これら5つのポイントは、OODAループを実行するにあたっての壁となります。それぞれの、気をつけるべきポイントを意識して行動していきましょう。

FIGURE 11　OODA の5つのポイント

Observe/ 直観
1
正確な情報を集める

Action/ 実行
4
行動に移す

Orient/ 認知
2
適切な仮説を立てる

Decide/ 判断
3
仮説中から最適な
選択をする

Loop/ 内観
5
ループを回す

出所：https://tanren.jp/ooda/769をもとに作成

OODA のループのさせ方

OODAの仕組みを理解して、メリットやデメリットも理解できたら、あとは何が必要でしょうか。それはOODAへのアプローチの仕方をしっかりと考えることです。

1 OODA へ適した3つのアプローチ

OODA に適したアプローチは3つの要素があります。

①直感的なスキル

OODA は観察、仮説、意思決定、行動と4つの要素で成り立っていますが、OODA を提唱したボイド氏も「ループを早くし、敵のループに簡単に入るには、仮説と意思決定の段階を省略すること」と言っているように、観察して行動、行動して観察と繰り返すことで、常に敵より早いテンポで対応ができます。そのためには、「直感的なスキル」も持ち合わせる必要があります。直感的なスキルというと、特別な人にしか備わっていないものと思われるかもしれませんが、ある程度の経験と知識があれば、直感的なスキルを習得するため、仮説を立てるフェーズを省略できるとボイド氏は言っています。

2 直感的スキルで判断する

例えばテニスで有名なロジャー・フェデラーは、ボールを打ち返す度に、意識的にどのようにラケットを使えば良いのかを考えてはいないと思いますし、バスケットボールで有名なマイケル・ジョーダンもディフェンスを抜くためにどうすれば良いのかは、直感的なスキルで判断しているといえます。

さらに身近な例でいえば、寝る前の歯磨きなどは意識しなくても、自然に身体が動いて行動していると思います。「歯磨きをしていたのに、気づいたら身体を洗っていた」なんてことはないと思います。

このように、直感的なスキルはOODAループを良いテンポで回す、一つのアプローチになります。

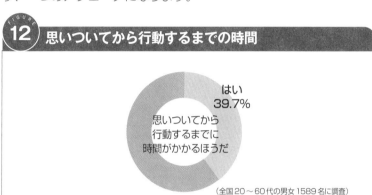

FIGURE 12 思いついてから行動するまでの時間

はい
39.7%

思いついてから
行動するまでに
時間がかかるほうだ

（全国20〜60代の男女1589名に調査）

出所：https://www.excite.co.jp/news/article/Fumumu_102034/をもとに作成

FIGURE 13 ベテランと初心者の直感の差は経験の差

| 直観の働く問題 | 直観の働かない問題 |

初心者が直感で
解決できる問題
の範囲

経験済みの問題

経験値の差

ベテランが
直感で
解決できる
範囲

未経験

出所：https://www.my-manekineko.net/entry/2020/04/06/070000をもとに作成

3　信頼関係を築けばより早く進められる

②組織内での信頼関係

　本質的な組織の成功とは、暗黙のうちにお互いを信頼していることにあります。お互いの目を見て、話をしなくとも、何をすれば良いかがしっかりとわかる関係にあることが必要です。

　成功している企業の共同創業者の関係は、同じ大学に通っていたり、同じ部署で働いていたり、同じサッカークラブに通っていたりして、お互いに深い信頼関係を築いている場合が多くあります。

　信頼関係を築くためには、

- 「人生で最も大切にしていることは何か」を共有する
- 困難な状況においても、組織全員で立ち向かい乗り越える

　これらを経験して、時間が経つことにより、信頼関係はどんどん深まり、お互いを信用して通じ合うことができます。お互いに信頼するもの同士であれば、OODA をより早く進めることができます。

4　困難な状況を一緒に乗り越える

　iPhone で有名な Apple は、スティーブ・ジョブズとスティーブ・ウォズニアックらによって創業されました。ブルーボックスと呼ばれる、電話回線を不正利用して無料で長距離通話ができる機械を自作して学生に売っていました。そのブルーボックスを奪うために、ジョブズは銃で脅されて、身の危険を感じるような経験をしました。そのような経験から、ジョブズとウォズニアックは深い信頼関係を築き、Apple を作りました。のちにジョブズは、ブルーボックスを販売した経験がなければ、Apple が誕生することはなかったと言っています。

5 目標をしっかり定めてアプローチする

③目標を定める

　行動する上で、忘れがちなのが「目標をしっかり定める」ということです。例えば、目標が「売り上げを上げたい」のと「売り上げを30日間で15%アップさせる」では、手段や方法がまったく変わってきます。組織全体の目標というのは、曖昧なものになることが多いです。例えば「売り上げを上げたい」「ミスを減らしたい」といった、ざっくりとした曖昧な目標である場合が多いです。

　明確な目標を立てて、全員の意識を同じ方向に向けることは、プロジェクトを成功させる上でとても重要な鍵を握っています。同じ方向を向くことで、それぞれ一人ひとりの当事者意識が高まり、様々な手段を考えて、成功に向けてアプローチしていくことができます。

　これら3つのアプローチを理解することで、OODAを上手に回して目的を達成していくことができます。

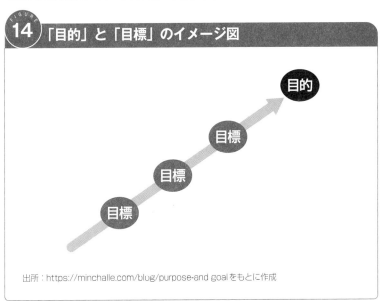

FIGURE **14** 「目的」と「目標」のイメージ図

目的

目標

目標

目標

目標

出所：https://minchalle.com/blug/purpose-and goalをもとに作成

OODA が組織に浸透しない場合は？

OODAは、あなた1人だけが理解していても、効果は発揮できません。組織全体として、浸透させていく必要があります。しかし、新しいことを始めるのは、そう簡単なことではありません。

1 古い考えを捨て新たな知識を入れる

たくさん石が詰まっている壺に、新しく石を入れようとしてもなかなか入りません。つまり、「最初からうまくいかなくて良い」ということです。すでにたくさん詰まっている壺とは、長年経験を積んだ頭の固い人のことを例えています。まだ知識も経験もない、まっさらな新人の方であれば、スポンジが水を吸うように、新しい知識としてOODAを取り入れることができるかもしれません。しかし、長年の経験からくる変化への恐怖や不安に対しては、新しく詰め込むのではなく、まずは古い考えを捨ててから、新しい知識として入れることができれば、組織にしっかり浸透していきます。

2 研修を取り入れる

そのためには、OJT（オンザジョブトレーニング）で実践しながら学ぶだけではなく、研修を取り入れるのも良いでしょう。OODAの研修会を開催している企業は多くあります。

いきなり実践で試すのが怖い場合は、企業研修として、OODAループ研修を現場の人間だけでなく、社内全体で受講するのも1つの手だと思います。

OODAが浸透すれば、プロのボクサーが相手のパンチをかわすように攻撃（問題）を避け、考えなくても相手にパンチを当てる（問

題解決）できるようになるでしょう。

　OJTでも、上司や先輩が、実際現場で問題解決する姿を見せて、また同じような問題が起きた際に、対応させたりしながら経験を積むことで、知識だけではなく、経験としての自信もついていくことでしょう。

15 OODA ループとはなにか

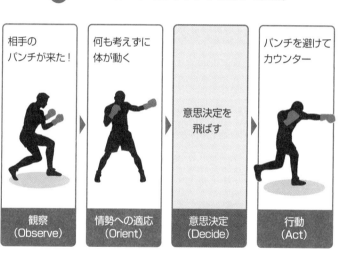

例 OODA ループをボクシングにおいて実践

相手のパンチが来た！	何も考えずに体が動く	意思決定を飛ばす	パンチを避けてカウンター
観察 (Observe)	情勢への適応 (Orient)	意思決定 (Decide)	行動 (Act)

実践を通じて習熟度を上げ、様々な状況に対し、高いレベルで対応できる力を身に付ける手法である

このように、OODAループは実践を通じて習熟度を上げ、様々な状況に対し、高いレベルで対応できる力を身に付ける手法！

出所：https://www.riskmonster.co.jp/pressrelease/post-8917/をもとに作成

間違いを予期する

未来のことがわかれば、間違いなく、成功に向かって一直線で進むことができますが、そんなことは到底不可能です。誰でも間違いたいと思って仕事をしている人はいません。OODAループを実践する上で、その人に「任せる」と決めた以上、間違いが起きることはある程度想定し、失敗やミスがあったとしても責めてはいけません。

1 間違いにどう対処するのか

大切なことは、「起きてしまった間違いに対して、どのように対応・対処するかを考えて決めること」です。

たとえ、間違いを起こしたからといって、個人を責め立ててはいけません。もし、責め立てた場合、現場での良い判断が生まれるとは考えにくく、OODAループの改善サイクルは遅くなり、組織全体からみても悪いサイクルになってしまいます。

2 100% 間違わない人はいない

ロボットではなく、人間である以上、100% 間違いを犯さないということはありえません。現場の人間が間違いを起こすことを過度に怖がってしまうと、自発的に行動できる人材ではなくなってしまいます。

ある程度の緊張感はパフォーマンスを高めるといわれる**ヤーキーズ・ドットソンの法則**があります。

プレッシャーを適度に感じながらも、最大のパフォーマンスが発揮できるようにするのも、上司や見守る人の大切な役目でもあります。

FIGURE 16 ミスの傾向と対策

ミスの傾向

●目的から外れてしまう
●納期間際にバタバタになりミスをする
●個々のつながり・整合を崩す

| 目的を意識する | 目的で仕事を指示する |
| | 目標・合否判定基準を示す |

| 納期遵守の計画をする | 準備をスケジューリングする |
| | ムリ・ムラのない平準化計画をする |

| 全体を見て考える | WBSで系統立てた計画を立てる |
| | 先行一気通貫で全域の課題を出す |

出所：https://www.consultsourcing.jp/7319をもとに作成

FIGURE 17 ヤーキーズ・ドットソンの法則

ゾーン・フロー
（最適緊張状態）

高 ← パフォーマンスレベル → 低

リラックスしすぎ　　　　緊張しすぎ

低 ← 緊張レベル → 高

出所：https://one-forward.com/index.php?QBlog-20171112-1をもとに作成

複数の OODA ループ

中長期的な計画をPDCAサイクル、短期的な目の前の問題については OODA を適用すると解説してきました。しかし、1つの問題に対して OODA ループを実行しているときに、他の問題が発生しないとは限りません。

1 OODA ドミナンス

複数の OODA ループを実行している際に「速い OODA」と「遅い OODA」が混在し、1つの OODA ループが他の OODA ループよりも速いスピードで回っていくことは多々あります。このような状態を **OODA ドミナンス**と呼びます。

2 遅い OODA は情報が古くなる

例えば剣道の試合で、相手よりも自分の動きが断然速い場合は、相手が動き始めてからでも、相手よりも早く反応し、返し技で一本を取ることができます。

このように、速いアクションは、それより遅いアクションを役に立たなくしたり、生産性のない行動にすることができます。

反対に「遅い OODA」では、観察するサイクルも遅くなるため、必然的に他の OODA と比べると情報が古くなり、結果が他と比べて、あまり良くない場合があります。

遅い OODA の場合、剣道で例えるなら、様々な技を使いながら攻撃していくことを考えるよりも、一番得意な技と避けることに集中することで、相手のループに入ることを防ぐことができます。

FIGURE

18

速い動きで相手より早く反応する

一番得意な技と避けることに
集中することで相手のループ
に入ることを防ぐ

ものの見方が変われば、見えるものも変わる

OODAループを使い、より良い結果を求めるのであれば、問題に対しての捉え方をより良いものにする必要があります。ドイツのノーベル賞受賞者であるマックス・プランクは「ものの見方が変われば、見えるものも変わる」と言っており、ミクロやマクロな見方である虫の目も必要ですが、全体を俯瞰して見る「鷹の目」も持つ必要があります。

1 無意識な行動は過去の経験からきている

メンタルモデルと呼ばれる無意識下での行動は、基本的には過去の経験から構築されており、現在目の前に起こる体験はメンタルモデルから構築されています。メンタルモデルを理解することは、OODA ループを攻略する上で非常に重要です。

Facebook への最初の投資家であり、ペイパルを設立したピーター・ティール氏はよく次のような話をします。

「10年かけて目標を達成する方法がわかっているのならば、なぜそれを半年で実行できないのか」。10年分の計画を数ヶ月で達成することは現実的ではありません。しかし、この言葉は枠にとらわれず行動することができるきっかけとなります。

2 問題に対してのものの見方を変える

現在の行動や思考は、過去の経験から来るものがほとんどですが、このメンタルモデルを壊して、「問題に対してのものの見方」が変われば、いままでにない斬新で最適な案を生み出すきっかけに繋がります。

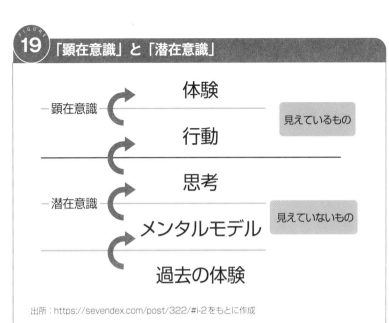

FIGURE 19 「顕在意識」と「潜在意識」

顕在意識 —

体験

行動

見えているもの

思考

潜在意識 —

メンタルモデル

見えていないもの

過去の体験

出所：https://sevendex.com/post/322/#i-2をもとに作成

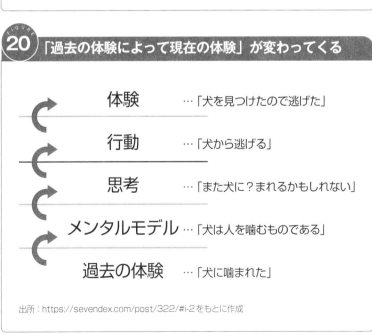

FIGURE 20 「過去の体験によって現在の体験」が変わってくる

体験 …「犬を見つけたので逃げた」

行動 …「犬から逃げる」

思考 …「また犬に？まれるかもしれない」

メンタルモデル …「犬は人を噛むものである」

過去の体験 …「犬に噛まれた」

出所：https://sevendex.com/post/322/#i-2をもとに作成

CHAPTER 5

13 どのように「考える人」を育てるか

現在、多くの組織形態がトップダウンの意思決定をしていて、現場で動く最前線の人に、決定する権限はありません。これからOODAループを意識して取り入れる企業の多くが「問題に対して、どのように最前線の人を関わらせるか」が課題になってきます。

1 決定する「権限」と「責任」を与える

特に店長、主任など、現場の人たちを直接管理する人が、どのような形で、部下を成長させていくのかを考える必要があります。

「決定する権限」を持つということは、同時に「責任」が生まれるということです。リアルタイムで戦場で戦っている戦士が、敵を撃つかどうかを毎回無線で確認していたら、到底戦いに勝つことはできないでしょう。

ただ、なんでもかんでも問題を最前線の人間に押し付ければ良いということではありません。もしあなたが部下に対して、起きている問題を毎回任せていたら、それは責任逃れしているように見えてしまいます。

2 上手なリーダーシップとは!?

現場の考える人を育てるために、まずやるべきことは「どのように動かすか」ではなく、「いかに上手なリーダーシップを取るか」であり、そのためにあなた自身がどのような行動を選択するのかを考えて決める必要があります。上手なリーダーシップとは、上司と部下の関係を認識させるようなことではなく、「自身が正しい行動を見せる」「部下を信頼する」ことが必要になります。

FIGURE 21 今の時代に求められるリーダー像

昔のリーダー

権限を
行使！

上下関係
利害有線

役職や立場、権限を行使し、
利害や上下関係で仕事をさせる

今の時代に求められるリーダー像

メンバーを
信頼して
「任せ切る」
リスクを取る

教えるよりも
引き出す

能力よりも
人間性を高める

褒めるよりも
感謝する

出所：https://www.c-c-j.com/course/status/leadership/ をもとに作成

人材を育てる

曖昧な指示や情報共有ではなく、以下の2つの要素を使うことで上手に人材を育てることができます。

1 2つの要素で人材を育てる

①明確な基準

マニュアルやテンプレートなどの、「基準がある」ということが非常に重要です。マニュアルがなければ、最初に作成し、まずはマニュアル通りできているかを確認します。

基準に沿って行動することで、基準にプラスアルファとして改善案が見つかり、マニュアルを更新していくことができます。また、基準を改善していくことで、継続的に改善の好循環を生み出していくことができます。

②評価する

基準を元に行動ができるようになったら、その結果や過程について評価をします。

明確な基準があれば、評価もしやすくなります。良い行動をしたのであれば、しっかりと褒めたり、数字で評価をすることで「また評価してもらいたい」という気持ちを持つようになり、率先して問題を解決したり、効率の良い行動をしたり、成功や成長に向けて良い行動をするようになってきます。

2 趣味や行動を理解して評価する

その他にも、人により違う「興味」や「行動」の特徴を理解した上で評価をします。特徴の分け方には様々な方法がありますが、ゲーム研究者であるリチャード・バートル氏が提唱した**バートルテスト**を使うと良いでしょう。

バートルテストを使うことで、一人ひとりの特徴をわかりやすく把握することができます。上手にそれぞれの特徴を生かしながら、グループを作ったり、課題を与えたりすることで、問題解決のスピードやサイクルが早くなることが期待できます。

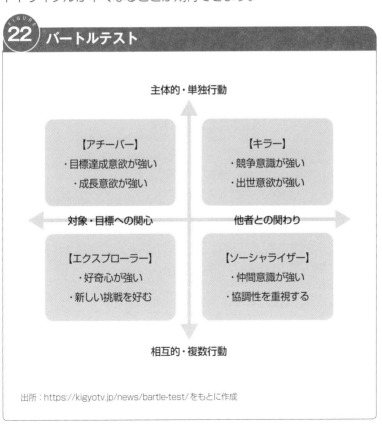

FIGURE 22 バートルテスト

出所：https://kigyotv.jp/news/bartle-test/ をもとに作成

フラクタル構造を意識する

　「**フラクタル構造**」という言葉をご存じでしょうか？フラクタル構造とは「**全体の形と一部を切り取ったものを比べても、似たような形になっている**」ことをいいます。

　森は木が集まったものであり、森のことを木と伝えても、伝わる意味はほとんど同じように、部分的に見ても、全体としてみてもあまり変わらなく、同じような構造をしていることをいいます。

　OODAループを実行する際も、1つのOODAの中に、別のOODAがあり、そのOODAの中に、また別のOODAが存在することは、よくあります。

　1ヶ月単位のOODAの中に、週単位のOODAがあり、その中に日単位のOODAがあるといったように、サイクルを細分化していくことも、好循環を生み出す1つのポイントです。

　例えば、ブログのページビュー（閲覧数）を1ヶ月で1.5倍にしたい目標があるとします。この場合、前月の週単位と比べても、今月は週単位でもページビューを1.5倍にする必要があります。さらに1日単位でみても、やはり1.5倍のページビューが必要になります。

　サイクルを細分化することによって、目標に対しての進捗状況がより理解できます。ブログのタイトルはどんなものが良いのか、内容は長い方が良いのか、短い方が良いのか、誘導したいリンクはどこに載せるのが効果的か、など、フラクタル構造であることを考え、意識するとより改善が早くなり、長期的に見てもうまくいくことが想像できます。

　もし途中で方向性が間違っていることに気づけたのであれば、改めて観察から始めて、仮説を立てることができます。

　「短期的な目標が良い」「長期的な目標が良い」というような、どちらかが正解なわけでなく、目標に対して何が最適な方法なのかを常に考えていく必要があります。

　OODAループを提唱したジョン・ボイド氏は、**「1日5分間計画を見直して、1週間に1時間、週ごとの見直しをすることが、ほとんどの人にとって取り組みやすい目標達成への行動だ」**と言っています。

　あなたもフラクタル構造を理解して、長期的な目標の中には、小さな目標がたくさんあることを認識し、改善のために何をすれば良いのかを考え、行動してみてください。

▼フラクタル構造

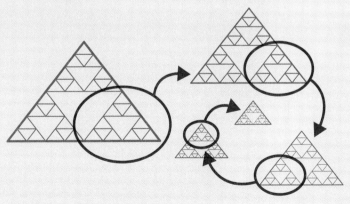

出所：https://fx-ten.jp/fractal/をもとに作成

MEMO

CHAPTER

6

フレームワークを
使い分けよう

OODAが実際の戦いやビジネスだけではなく、すべてのこ
とにおいて使うことができるフレームワークというのは理解
できたと思います。極端な話「OODAは人生」といっても過
言ではないでしょう。ただ、OODAがすべてにおいて万能と
いうわけではありません。状況や目的に合わせて、様々なフ
レームワークを使い分けることができれば、より臨機応変に
対応することができます。

フレームワークを使い分けて生産性を上げる

一般的に、「努力＝時間」と考える人がいます。企業やプロジェクトにおいて「生産性」は、とても大切ですが、その生産性は、かけた時間ではなく「時間当たりでどれだけの成果を出したか」ということです。

1 生産性アップの3つの方法

生産性をアップするための方法は主に3つあります。

①フレームワーク

フレームワークを使うと、目的や手段が明確になります。目的が明確になることにより「すぐに対応すべきこと」なのか「あとでも間に合うこと」なのかなど、問題・目的に対しての緊急度や重要度もわかります。

②ツール

Web3時代において、様々な業種でデバイスやアプリなどのツールを使うことは、もはや必須条件といえるでしょう。Google ドライブで書類やデータを管理して、業務を効率的に取り組むツールなど、業種に合わせた様々なツールが存在します。効率よく無駄を省けるようなツールであれば、積極的に採用し導入してみましょう。

③システム

どんなに良いフレームワークやツールを導入しても、システムの効率が悪ければ業務は改善しません。

2 システムを効率よく使うには

①記録をつける

記録の付け方はたくさんありますが、紙に書いたり、パソコンであればスクリーンショットを撮ったり、ビデオを録画したり、方法は何でも構いません。大事なのは「記録をつける」ことで、あとから振り返りができます。第3者が見ても相違がないような記録を取るようにしておきましょう。

②情報を共有する

記録した情報はもちろんですが、OODA はまず観察から入り、仮説を立てます。同じものを観察していても、人によって感じることや考えることは違います。情報を共有することで、自分にはない違ったアイデアが出てきます。目標が同じ仲間どうしの情報共有は、チャットツールや Web 会議ツールなどの最適なツールを使い積極的に行いましょう。

この生産性をアップする3つの方法を抑えた上で、フレームワークを使い分ければ、より生産性や効率の良い仕事ができます。

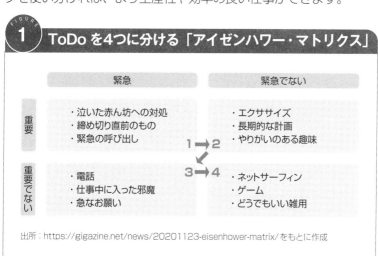

FIGURE 1 ToDo を4つに分ける「アイゼンハワー・マトリクス」

	緊急	緊急でない
重要	・泣いた赤ん坊への対処 ・締め切り直前のもの ・緊急の呼び出し	・エクササイズ ・長期的な計画 ・やりがいのある趣味
重要でない	・電話 ・仕事中に入った邪魔 ・急なお願い	・ネットサーフィン ・ゲーム ・どうでもいい雑用

1 → 2
3 → 4

出所：https://gigazine.net/news/20201123-eisenhower-matrix/をもとに作成

王道フレームワーク

一番有名なフレームワークはPDCAサイクルですが、その他にも有名な王道のフレームワークとして「2軸図」と「MECE（ミーシー）」があります。

1 2軸図

2軸図とは、名前の通り縦軸と横軸の2軸に比べたい項目を設定し、分析したものを配置していきます。2軸図は、5章で紹介したバートルテストのように、様々な場面で分析したものを整理するために使用します。「高い・安い」「良い・悪い」など、当てはめる項目は何でも構いません。

また、バートルテストのように4つに分類をしなくとも、AよりはBの方が高いなど、少しの差を比べるためにも2軸図は使うことができます。場合によっては、重なるものも出てきますが、集めた情報を可視化するために使用して情報を整理することをおすすめします。

2 MECE（ミーシー）

もう1つの王道フレームワークとして、**MECE（ミーシー）**があります。

- Mutually …………… （互いに）
- Exclusive ………… （重複がなく）
- Collectively ……… （全体的に）
- Exhaustive………… （漏れがない）

の4つの頭文字に由来します。主に情報をまとめたり、整理するときに、ミスをなくすための論理的な問題解決に必要な手法であることから、ビジネスで重要視されています。

　ものごとを考えるとき、正確な答えを導き出すために「必要な要素を網羅しながら、それらが重複しない」という考え方が必要になります。こういった際に MECE を意識することで、総合的な視点から必要な事実を分類して、問題や課題に対する正しいアプローチを導き出すことができます。

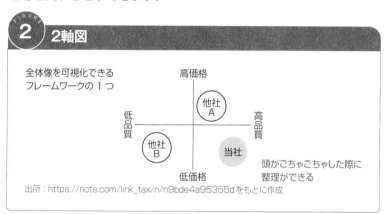

FIGURE 2 **2軸図**

全体像を可視化できる
フレームワークの１つ

高価格

他社 A

低品質　　　　　　　　高品質

他社 B　　　　　　当社

低価格

頭がごちゃごちゃした際に
整理ができる

出所：https://note.com/link_tax/n/n9bde4a95355dをもとに作成

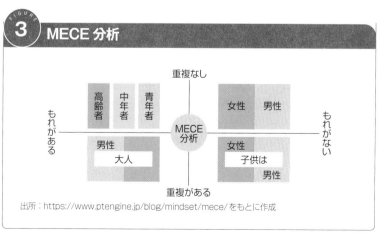

FIGURE 3 **MECE 分析**

重複なし

高齢者　中年者　青年者　　　　女性　男性

もれがある　　MECE分析　　もれがない

男性　　　　　　　女性
大人　　　　　　　子供は
　　　　　　　　　男性

重複がある

出所：https://www.ptengine.jp/blog/mindset/mece/をもとに作成

経営戦略のフレームワーク

フレームワークの定義は、「枠組みにありのままの客観的な情報をはめ込むと、課題や向かうべき道を分析検討できる」ツールとされています。例えば、課題や問題を解決するための「SWOT分析」や「PEST分析」はご存じでしょうか？　まさにそれらがフレームワークツールです。コロナ禍で、「経営戦略の変更修正」を行った企業も多いと思います。ここでは、経営戦略策定時に実際に使われるフレームワークについて解説します。

1　VRIO分析（ブリオ分析）

VRIO分析は、自社の強みや弱みを把握して、効果的な戦略を設計するのに最適なフレームワークです。他社のビジネスも分析することで、戦略設計に有効なアイデアが浮かびます。

- ● Value　……………　（価値）
- ● Rarity　……………　（希少性）
- ● Imitability　…………　（真似できるか）
- ● Organization　………　（組織）

の4つの項目に対して、YESかNOで回答し、出てきた結果を見て、「自社の競争力を分析できるフレームワーク」です。

- ・Value は、「企業としての価値があるか」
- ・Rarity は、「同業種と比べて希少性が高いか」
- ・Imitability は、「他社が同じことをした時に真似しやすいか」
- ・Organization は、「組織体制は適切か」

をそれぞれ回答していくことで分析できます。

　企業の「経営資源の強みと弱み」を掘り下げられるため、経営戦略を立てるときに効果を発揮します。

　VRIO分析によって、強みと弱みの経営課題が明確になり競争優位性が明らかになります。SWOT分析という、強みと弱みを導き出す方法がありますが、SWOT分析は、自社だけを見た分析であるのに対し、VRIO分析は自社と他者を比較する分析方法になります。

FIGURE 4　VRIO 分析

Value
価値

Rarity
希少性

経営
資源

Imitability
模倣可能性

Organization
組織

出所：https://digimarl.com/syllabus/vrio/をもとに作成

2　AARRR モデル（アーモデル）

AARRR モデルは、

- ● Acquisition ············ （獲得）
- ● Activation ············ （活性化）
- ● Retention ············ （継続）
- ● Referral ·············· （紹介）
- ● Revenue ·············· （収益）

をビジネスにおける成長段階で、「各段階の課題を出すためのフレームワーク」です。AARRR モデルは、OODA ループでの観察段階として「いま、どの段階にいるのか」を意識することで観察方法も変わり、仮説を立てる上でのヒントを与えてくれます。

　AARRR モデルは、それぞれの段階での状況や結果を数字を使いながら評価や記録をすることで、より正確な分析を行うことができ、良い改善サイクルを生み出すことができます。

　AARRR モデルの活用メリットとして、プロダクトの成長戦略を計画的に描けるということが挙げられます。

　5つの段階を分析することで、課題が可視化されてやるべき施策が明確に見えてきます。その結果、計画的な成長戦略を描けるようにもなります。

　また、社内で共通の認識が長期に渡って共有でき、どこの段階の課題にフォーカスすれば良いかも判断しやすくなるため、いまやるべき施策が明確になります。

5 AARRR モデル

		指標

A
Acquisition
獲得

ユーザー獲得のための施策

サイト訪問客数

サインアップ客数

A
Activation
活性化

より多くのユーザーに
利用してもらうための工夫

トライアルユーザー
キャンセル率

継続トライアル
ユーザー数

R
Retention
継続

獲得したユーザーに
継続して利用してもらうための
施策

優良会員数

再訪ユーザー数

機能利用率

R
Referral
紹介

ユーザーから口コミや紹介で
広がりを作るしかけ

紹介ユーザー数

メディア掲載数

R
Revenue
収益

収益の最適化・最大化

ユーザーあたり
獲得利益

1サービスあたり
獲得利益

出所：https://ferret-plus.com/298 をもとに作成

ビジネスモデルキャンバス

ビジネスモデルキャンバスとは、「ビジネスモデルの大切な要素を設計図のような状態で可視化して、認識しやすくするフレームワーク」です。

1 ビジネスモデルを可視化

自社のビジネスモデルの優位性や競合に劣る要素・弱点などを洗い出し、既存ビジネスの改善を行い、より強固なビジネスモデルを創出するために活用されます。

2 9つの項目に回答する

次の9つの項目に回答していき、あなたのビジネスモデルを可視化することができます。

①顧客は誰か
②顧客へ提供する価値は何か
③価値やサービスをどのように伝えるのか
④顧客との関係をどのように気づくか
⑤収益をどのように上げるか
⑥価値提供の素材はどこから持ってくるか
⑦価値を提供するために何をするか
⑧協力してくれる人や企業は誰か
⑨どのくらいコストがかかるのか

これらを埋めることで、1枚の「事業計画書」を作ることができます。

FIGURE 6 ビジネスモデルキャンバス（ビジネスモデルを可視化）

1	**3** **販路** CHANNEL サービスの 届け方	**2**	**6** **資源** RESOURCES 価値提供の ためのリソース	**8**
顧客 CUSTOMER 顧客は だれか	**4** **関係** RELATION 顧客との 関係構築法	**価値** VALUE 顧客への 提供価値	**7** **活動** ACTIVITIES 価値観提供の ためにやるべき こと	**協力者** PARTNERS 主要パートナー
5 **収益**　マネタイズプラン REVENUE		**9** **コスト**　価値を提供するために COST　　かかるコスト		

出所：https://media.bizmake.jp/method/about-bmc/ をもとに作成

整理するためのフレームワーク

整理するための、様々なフレームワーク（枠組み）を用いることで、スピードが問われるビジネスにおいて、短時間で論理的に考えをまとめることができます。ここでは、整理するための代表的なフレームワークを解説します。

1 オズボーンのチェックリスト

オズボーンのチェックリストとは、「アイディア出しの対象やテーマを決めて、チェックリストに沿った項目に答えることによりアイデアを出していく手法」です。

チェックリスト法とも呼ばれています。

2 オズボーン9つのチェックリスト

①転用はできるか

改変・改良できる用途はないか？

②応用できるか

他に応用できるものがあるか？　過去に匹敵したものは何か？

③変更してみたらどうか

色・形・音・匂い・意味・動きなど、変更したらどうか？

④拡大してみたらどうか

大きさ・時間・頻度・高さ・長さ・強さが拡大できるか？

⑤縮小してみたらどうか

小さく・軽く・短く・携帯化できるか？

⑥代用できるものはあるか

　他の材料・他の過程・他の場所・他のアプローチ・他の声の調子・他の誰か・異なった成分など、他の何かに代用できないか？

⑦入れ替え（再配置）したらどうか

　要素・成分・部品・パターン・配列・レイアウト・位置・ペース・スケジュールなどを変えられないか？　原因と結果を変えられないか？

⑧逆転してみたらどうか

　逆にできないか？　後方に移動できないか？　役割を逆にできないか？　ターンできないか？　反対側を向けられないか？　マイナスをプラスにできないか？

⑨組み合わせてみたらどうか

　組み合わせられないか？　目的や考えを一緒にできないか？　複数にできないか？

　このチェックリストは、トヨタやスターバックスなども使っており、業務の改善や効率化に応用されています。

問題解決のためのフレームワーク①

ここでは問題解決に役立つ代表的なフレームワーク、ロジックツリーの解説をします。

1 ロジックツリー

ロジックツリーは、1つの物事に対して細分化していくことにより、どのような要素から構築されているのかを分析し、問題に対しての具体的な解決策を見つけることができます。

例えば、「なぜダイエットがうまくいかないのか」を右の図のように表し、具体的な解決策を見つけていきます。細分化すればするほど、行動に繋げやすくすることができます。

ロジックツリーは、3種類存在します。

---

① **What：要素分解ツリー**

物事を構成要素で分解するロジックツリーです。それぞれの要素を検討したり、比較したりすることができます。

② **Why：原因追求ツリー**

原因を具体的に追求していくロジックツリーです。問題の根本原因は何なのか、他の原因はないのかということを可視化できます。

③ **How：問題解決ツリー**

解決方法に絞ってツリーを作ります。目標達成のための方法だけを MECE に書き出します。

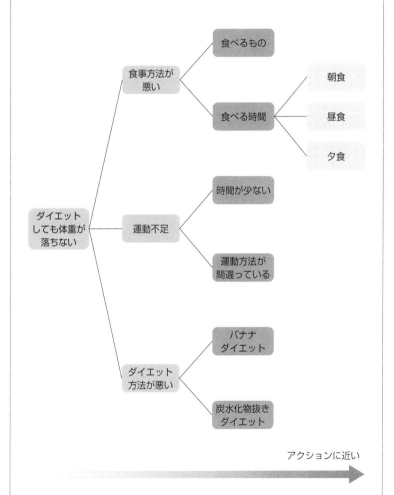

FIGURE

7　ロジックツリー

うまくいかない「ダイエット」を原因追求した場合

出所：https://infinity-agent.co.jp/lab/logic-tree-example/ をもとに作成

問題解決のためのフレームワーク②

ビジネスシーンでは、客観的な視点で整理して論理的に筋道を立てて結論を導き出すことが求められます。その手法として、ピラミッドストラクチャーと親和図法について解説していきます。

1 ピラミッドストラクチャー

ピラミッドストラクチャーは、ロジックツリーと似ていますが、ロジックツリーは行動を起こすための具体的な問題を突き詰めるために使います。**ピラミッドストラクチャー**は"原因"ではなく、"根拠"を重ねて説得力を持たせるために使います。

例えば、企業研修の資料作りで、根拠としての情報を羅列するためだったり、新しいことを試す際に、なぜそのような結果が出るのかということに対しての根拠を重ねるために使っていきます。

1つの結論に対して、様々な角度から根拠を紐付けるためにピラミッドストラクチャーは使われます。

2 親和図法

親和図法は、**ブレーンストーミング**などで出されたアイデアをそれぞれの親和性に基づいてグループ分けする方法です。

例えば、会議で出てきたアイデアを箇条書きで書いていきます。アイデアはバラバラになっているため、似たようなアイデアや近いと思われるグループに分けることで、バラバラに見えていたアイデアから解決策が生まれていきます。親和図法は、OODAループにおいて、現状分析する際の問題の特定や、問題解決のための解決策を考えるために非常に有効です。

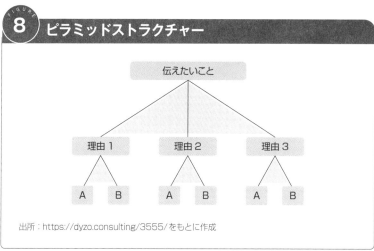

FIGURE 8 ピラミッドストラクチャー

伝えたいこと

理由1 理由2 理由3

A B A B A B

出所：https://dyzo.consulting/3555/ をもとに作成

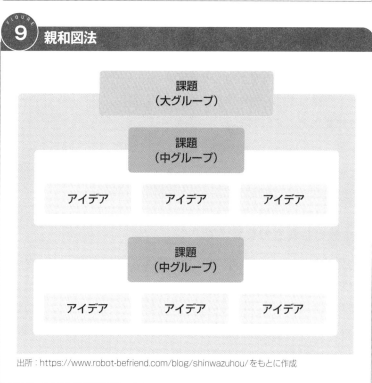

FIGURE 9 親和図法

課題
（大グループ）

課題
（中グループ）

アイデア アイデア アイデア

課題
（中グループ）

アイデア アイデア アイデア

出所：https://www.robot-befriend.com/blog/shinwazuhou/ をもとに作成

アイデア発想のための
フレームワーク①

良いアイデアが、なかなか出ずに悩んでいる方も多いのではないでしょうか。新しいアイデアを発見することは、ビジネスに直結します。ブルーオーシャンな事業を創出したり、様々な課題解決まで導いたりすることができます。ここでは、アイデア発想のフレームワークを解説します。

1 マインドマップ

マインドマップは、1つのテーマに対して連想されるワードを放射状に紐付けていき、自由にアイデアを出していきます。

マインドマップは、アイデア出しのために使われることが多いため、書き方もロジックツリーなどのように、一方の方向に書く必要がなく、連想される物やワードをどんどん書いていきます。

おすすめのマインドマップの書き方は「紙に書く」ことです。マインドマップはアプリでも存在しますが、創造力を高めるためには手を動かしながら、線も真っ直ぐではなく色んな方向に書いていき、色分けしながら、連想されるものを繋げていきます。

2 発想したものを繋げていく

線で紐付けていく内容は「文章」ではなく、「単語」で書き「これはどうかな？」と思ったものでも、頭に思いついたのであれば、繋げていきましょう。マインドマップはアイデア発想のためのフレームワークですので、不正解はありません。正解を求めようとすると、イメージ力も制限されてしまいます。枠にとらわれない発想をするためのものですので、どんどんテンポ良く書いていきましょう。

マインドマップ

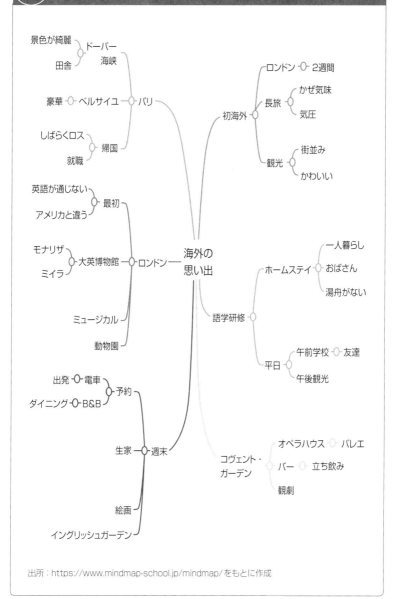

出所：https://www.mindmap-school.jp/mindmap/ をもとに作成

アイデア発想のための
フレームワーク②

アイデア出しのフレームワークであるマンダラートと連想マトリクスについて解説します。

1 マンダラート

マンダラートもアイデア出しのフレームワークですが、方向や枠なども決まっていないマインドマップとは違い、縦3マス×横3マスの1セットを、縦3セット×横3セットに並べてアイデアを出します。中央のマスにテーマになるキーワードを入れ、その周りの8マスに関連するワードを入れます。その8つのワードに対して、外側の8セットを使い、書き込みます。

マンダラートは、メジャーリーグで活躍している大谷翔平選手が高校生のときに目標達成のために使っていたことで有名です。

叶えたい目標を中央に書き、目標に必要な手段を周囲のマスに書いていきます。大谷選手は「ドラフト1位指名を8球団から得る」という目標のために使いました。結果、現在ではメジャーリーグで大活躍できるまでになっています。

2 連想マトリクス

連想マトリクスは、iPhoneで有名なAppleの**スティーブ・ジョブズ**が打ち出したマトリクスです。2つの変数から要素を抽出して、組み合わせていきます。Appleの場合、製品に「デスクトップ」と「ポータブル」を当てはめ、ユーザーに「一般消費者」と「プロ」を当てはめ、それぞれ「iMac」「Power Mac」「iBook」「Power Book」のラインナップ出し、その結果大ヒット製品を生み出しています。

11 大谷翔平が花巻東高校1年時に立てた目標達成表

体のケア	サプリメントをのむ	FSQ 91kg	インステップ改善	体幹強化	軸をぶらさない	角度をつける	上からボールをたたく	リストの強化
柔軟性	体づくり	RSQ 130kg	リリースポイントの安定	コントロール	不安をなくす	力まない	キレ	下半身主導
スタミナ	可動域	食事 夜7杯 朝3杯	下肢の強化	体を開かない	メンタルコントロールをする	ボールを前でリリース	回転数アップ	可動域
はっきりとした目標、目的をもつ	一喜一憂しない	頭は冷静に心は熱く	体づくり	コントロール	キレ	軸でまわる	下肢の強化	体重増加
ピンチに強い	メンタル	雰囲気に流されない	メンタル	ドラ1 8球団	スピード 160km/h	体幹強化	スピード 160km/h	肩周りの強化
波をつくらない	勝利への執念	仲間を思いやる心	人間性	運	変化球	可動域	ライナーキャッチボール	ピッチングを増やす
感性	愛される人間	計画性	あいさつ	ゴミ拾い	部屋そうじ	カウントボールを増やす	フォーク完成	スライダーのキレ
思いやり	人間性	感謝	道具を大切に使う	運	審判さんへの態度	遅く落差のあるカーブ	変化球	左打者への決め球
礼儀	信頼される人間	継続力	プラス思考	応援される人間になる	本を読む	ストレートと同じフォームで投げる	ストライクからボールに投げるコントロール	奥行きをイメージ

(注) FSQ、RSQは筋トレ用のマシン

出所：https://kotobuki-he.co.jp/tp_detail.php?id=358をもとに作成

12 連想マトリクス

	一般消費者向け	プロ向け
デスクトップ	iMac	PowerMac
ポータブル	iBook	PowerBook

出所：http://idea-soken.com/matrixをもとに作成

OODA ループを基準とした
自律型経営組織

様々なフレームワークを紹介しましたが、目指すべき組織として筆者が推奨するのは「OODAループを基準とした自律型経営組織」です。組織には様々な種類がありますが、OODAを基準とした一人ひとりが自律的に動くようになる組織とは、どのようなものなのでしょうか。

1 OODA と相性が悪い「ヒエラルキー組織」

ヒエラルキー型組織といえば、多くの方がイメージする**ピラミッド型**の組織形態です。大企業になればなるほど、ヒエラルキー型組織である場合が多いです。しかし、ヒエラルキー型はトップダウンで経営がされるので、OODA との相性は良くありません。これから、OODA ループを基準とすることができる組織形態を紹介します。

2 ティール組織

ティール組織とは、フレデリック・ラルー氏が2014年に出した著書「Reinventing Organizations」の中で紹介されました。組織を5つの色で区別し、その中でティール（青緑色）を目指すことを目的としています。

「上司の指示をなくしても、組織が達成すべき目標の実現に向かってひとつの生命体として進むことができる組織」を目指します。誰かの指示によって業務を進めるのではなく、組織の構成員全員でルールや仕組みを設定し組織を動かします。

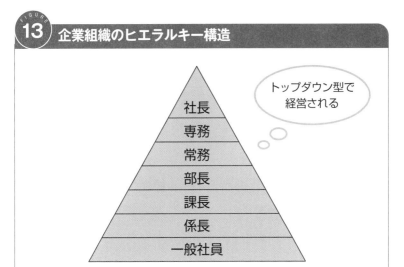

13 企業組織のヒエラルキー構造

トップダウン型で
経営される

社長
専務
常務
部長
課長
係長
一般社員

出所：https://www.unchi-co.com/kaigyoblog/kigyo_kaigyo/hierarchy_toha.htmlを
もとに作成

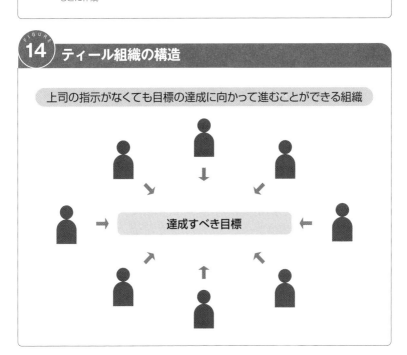

14 ティール組織の構造

上司の指示がなくても目標の達成に向かって進むことができる組織

達成すべき目標

5つの組織モデル

ティール組織を進化型とする、5つの組織モデルについて解説
します。

1 現場に権限があるのがティール組織

● レッド組織（衝動型）

レッド組織は、強力なひとりが組織のトップとして引っ張り、利
益を追求することが特徴です。リーダーシップではなく、恐怖で服
従させてコントロールします。目先の利益を追い、手段は選ばず、
すぐに結果を出すことを目的としています。支配的なマネジメント
を行う、ティール組織とは一番離れた組織モデルになります。

● アンバー組織（順応型）

アンバー組織は、「ヒエラルキー型」の軍隊のような組織です。
組織に、徹底した制度や役職が備わっているため、上下関係で成り
立っています。「上司に命令された事をする組織」なので、自発的
に改善することよりも「上司がどう思うか」という基準で意思決定
されます。アンバー組織は、年功序列の組織が多いため、若い世代
のアイデアが反映されにくいという特徴があります。また、「ルー
ル通りで安定した組織」である一方、変化の激しい時代には対応し
にくい組織です。

● オレンジ組織（達成型）

「ヒエラルキー型」の組織でありながら、変化に対して柔軟に対
応できる組織がオレンジ組織です。日本で最も多いとされる組織形

態です。「アンバー組織は年功序列」だったのに対し、「オレンジは成果型」と考えるとイメージしやすいでしょう。ただ、成果を求めるあまり、日本ではサービス残業などの問題に繋がることも多く、才能を潰してしまう場合もあります。しっかりとした環境の中で評価することで、良い成果を生み出す人材が生まれます。

● グリーン組織（多元型）

グリーン組織は、一人ひとりの意見を尊重し、現場での意見が反映されやすいのが特徴です。最終的な意思決定は、上司にありますが、アンバーなどと比べると意見を受け入れる環境になっています。

● ティール組織（進化型）

ティール組織は、中央集権ではなく、権限は現場の人にあります。現場からのボトムアップではなく、その場で意思決定をします。ティール組織では、他の型のように経営者やリーダーが「どのように組織を成長させるか考える」のではなく、組織の一人ひとりが、目的や目標を達成させるために考えます。メンバー全員にお互い「信頼関係」が存在し、まるで1つの生き物のように機能します。

FIGURE 15 5つの組織モデル

進化	ティール組織	ひとつの生命体や生物のように、平等に権限と責任が与えられ、進化を続ける次世代型組織
	グリーン組織	成果よりも主体性やダイバーシティを重視するボトムアップ型組織
	オレンジ組織	実力主義・成果主義に基づくピラミッド型の階層構造の組織
	アンバー組織	権力や階級などを重視する軍隊のような組織
	レッド組織	恐怖を与え服従させる支配的なマネジメントを行う最古の組織モデル

ティール組織は時代や 流行の変化にも敏感

ティール組織を例えるなら、経営者や個人事業主が集まっているようなものです。組織の一人ひとりが責任をもち、何をすれば良いのかを考えて、行動します。また、ティール組織は時代や流行の変化にも敏感です。世の中が自分達の組織に何を求めているのかを常に考えているため、情報感度が高いのも特徴の1つです。

1 ティール組織3つの柱

ティール組織は、以下の3つの柱から構成されています。これら3つが機能することにより、自律型の経営組織となります。

①自己管理

メンバーに大きな裁量を与え、メンバー自身が意思決定の権利を持っている状態です。そのために組織が保有している情報は、基本的にメンバーに対して開示され、適切な意思決定をするために他者からの助言を得られる仕組みを用意します。助言を与える者は、様々な可能性や想定されるリスクなどを踏まえ助言しますが、裁量権は意思決定をするメンバー個人にあり、その判断が尊重される環境が保たれます。

②全体性

ティール組織では、それぞれがフラットな関係の中で自分の能力や才能を発揮しなければなりません。そのため、多様性を認め合える、否定の無い環境が必要です。メンバーの心理的安全性を確保し、各メンバーが「この組織において自分らしく存在でき、自分の個性

や才能を公平に評価され、認められる場所である」と認識することで、組織の目的と自己実現の目的が一致する可能性が高くなります。結果として、メンバーが自分の成長をめざすとともに、組織の成長を促す行動を継続的に行う事が考えられます。

③存在目的

「なんのためにこの組織は存在するのか」をメンバー全員が理解し、追求することが重要です。また、ティール組織における存在目的は環境変化に応じて進化すると考えられます。

2 フラットで活発なコミュニケーション

これら3つの要素の共通項は「コミュニケーション」です。フラットで活発なコミュニケーションの環境が確保された組織であることが、自分の存在を肯定的に捉えることができ、個性や才能を発揮できることにつながります。ティール組織への移行を検討するのであれば、まずフラットで活発なコミュニケーションがとれる環境を構築する必要があるでしょう。

FIGURE
16 進化する組織

・ここに意思決定がある
・ビジョンや事業などは
　「社員の意識」を重視し
　変化させる
・組織の存在目的に合わせて
　進化し続ける

ティール型組織

出所：https://kurashigoto.me/column/post-11117/をもとに作成

ホラクラシー組織

> ホラクラシー組織は、2007年に米ソフトウェア開発会社の創業者ブライアン・ロバートソン氏が提唱した、「上司と部下の関係が一切存在しない組織形態」です。ホラクラシーとは、ヒエラルキー組織のようなトップダウンの組織ではなく、フラットな組織であり、グループを作り権限を分散した組織です。

1 ホラクラシー組織とは

ホラクラシーという言葉は、ユダヤ人ジャーナリストであるアーサー・ケストラーが、1967年の著書「The Ghost in the Machine」で作り出した「holon（ホロン）」に由来しています。

ホラクラシー組織は、「個人がひとつ以上の役割を持ち、組織全体の大きな円の中で、重なったり、分かれたり、他に含まれたりし、各個人が権限を持っているリーダーであり、責任も生じる組織」です。上下関係がない組織は、「自由」や「楽」というイメージがあるかもしれませんが、そうではありません。ホラクラシー組織は、「メンバーが目標に対して自発的に考え、改善を繰り返して行動をしていくこと」を目的としているからです。

2 ティール組織との違い

ティール組織とホラクラシー組織は、「上下関係がない」ことや「個人の裁量によって業務が進められること」「権限の分散」「個人が経営者と同じ」「自律性が求められること」など、共通する部分が非常に多いです。正確には、ティール組織の一部としてホラクラシー組織が含まれます。

ティール組織は、組織を色分けしたように、レッドからグリーンまでの段階を経て、ティール組織となったのに対し、ホラクラシー組織には、明確なルールが存在します。ルールがあるということは、再現性があることを重視しています。

　ティール組織は、「ルールがない」ので柔軟な発想が生まれるのに対し、ホラクラシー組織は「管理されない」ことがヒエラルキー組織との大きな違いになります。

　ホラクラシー組織でOODAループを基準として、活動するようになれば、素早い意思決定と働くメンバーの主体性やモチベーションも向上され、より成長する組織となることでしょう。

FIGURE 17　ヒエラルキー組織とホラクラシーの違い

	ヒエラルキー組織	ホラクラシー組織
組織形態	階層型	非階層型
意思決定	トップダウン	分散型
立場	上下関係が生まれる	対等
情報共有	限定的	メンバー全てに共有

出所：https://sogyotecho.jp/holacracy/ をもとに作成

FIGURE 18　ティール組織とホラクラシーの違い

ティール組織	ホラクラシー
・明確なビジネスモデルでは存在しない ・組織内にオレンジやグリーンなどの組織モデルがあっても機能する	・組織経営手法である ・厳密なルールが存在する ・ロール（役割）によって運営される ・再現性があることを重視

共通する要素

上下関係がなく、意思決定権が分散されており、各メンバーが自主経営を行う

出所：https://circu.co.jp/pro-sharing/mag/article/1310/ をもとに作成

アメーバ経営

「アメーバ経営」とは、京セラ名誉会長の稲盛和夫氏が生み出した独自の経営手法です。稲盛氏が創業した京セラは、1959年の創業以来60年以上一度も赤字を出していないことでも有名です。また、稲盛氏はKDDIの創業に携わったほか、経営破綻に伴い上場廃止となったJALの再建に乗り出し、2年目には営業利益が過去最高の2049億円を超え、JALを再上場へ導きました。

1 会社経営とは全社員で行うもの

売上高が2兆円に迫る勢いの京セラを支えるアメーバ経営は、「会社経営とは一部の経営トップのみで行うものではなく、全社員が関わって行うものだ」という稲盛氏の考えで成り立っています。組織を独立採算で運営する**アメーバ**に分けて、それぞれのアメーバからリーダーを任命し、共同経営のような形で会社を経営することをいいます。ピラミッド型の組織ではなく、それぞれのアメーバが独立しており、各アメーバのリーダーは、計画と目標を達成させる責任があります。

アメーバ内で協力して行かなければ目標達成しないので、自発的に改善するような組織ができていきます。さらにアメーバ経営は、独立採算性なので、メンバーの目標達成率や時間当たりの生産性などがわかり、個人の評価もしやすく、働く側としても正当な評価がされやすいため、モチベーションアップにも繋がります。

そして、関わる全員が経営を意識して行動していくため、会社全体として見ても、経営陣になれる人材を育てることにも繋がります。

2　JALの再生

　このアメーバ経営は、2010年1月に2兆3000億円という戦後最大の負債を抱え、経営破綻した日本航空（JAL）を救いました。

　経営破綻した日本航空は、倒産したことに対しての危機感や当事者意識が欠けていて、働く社員の一体感もなかったため、再建は不可能といわれていました。

　しかし、そこからわずか2年半後、アメーバ経営により、2012年9月に東京証券取引所へ再上場をするまでに回復しました。

　アメーバ経営の導入により、社員一人ひとりに経営者意識が芽生えて、自分達のアメーバの売上を伸ばせるか、経費を減らすことができるのかを全社員が主体的に考えることができるようになりました。JALの再建には、フィロソフィーという共通の価値観もアメーバ経営と同様に、導入され「JALフィロソフィー」があることで、全社員の意識改革も進みました。

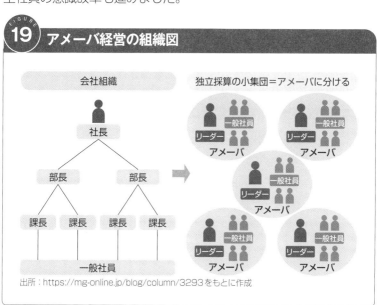

FIGURE 19　アメーバ経営の組織図

出所：https://mg-online.jp/blog/column/3293をもとに作成

ジョン・ボイドが伝えたかったこと

ジョン・ボイドいわく、私たちは生きていく上であらゆる「曖昧さ」と「不確実性」に囲まれているといいます。外的要因は常に変化しているにも関わらず、「〇〇はこういうものだ！」と決めつけてしまうともいっています。

1 未来予測は立たない

未来予測は過去の経験などからしますが、ほとんどの場合、現実不可能といえます。ストレートで来ていたボールが、今回は変化球である可能性は否定できません。ボイドは、「ランダムで予想できないことを予測しようとしても、混乱や不安を招くだけである」とも言っています。

2 ハンマー症候群

同じように、有名な投資家である、ウォーレン・バフェットが会長を務めるバークシャー・ハサウェイの副会長チャーリー・マンガーは、変化する現実に直面しても慣れ親しんだものを使い続ける人のことを**ハンマー症候群**と呼んでいます。

心理学者のアブラハム・マズローが「ハンマーしか持っていない人にとって、すべてが釘に見える」といっているように、考えることを諦めた人たちは、考えていないことを正当化しようとするように、直面している現実に対しては柔軟な考えで取り組まなければ生き残ることはできません。

FIGURE 20 マズローの言葉

考えることを諦めずに
取り組み続ける！

アブラハム・マズロー

To the man who only has a hammer, everything he encounters begins to look like a nail.
「ハンマーしか持っていない人にとって、すべてが釘に見える」

直面している現実に対して
柔軟な考えで取り組むことが大切！

外に目を向ける重要性

ジョン・ボイドは、「知識と理解のための情報を得るために、外の世界とコミュニケーションをとらなければ、私たちは死んでしまい、その世界の見分けがつかず、興味のない部分になってしまう」と言っています。このような、ボイドのたくさんの発言から「外に目を向ける」ことの重要性をとても強く感じ取れます。

1 視野を広げて見て考える

ボイドは、問題の原因や解決策を出すために、視野を広げて、見て、考えることを重要視しています。ボイドは、軍の将軍や企業幹部からコーチや政治運動家に至るまで、すべての人に戦略的ツールを提供し、自分の意思決定プロセスとして OODA ループを、より適切に管理できるようにしました。

また、競合他社の意思決定プロセスや自分自身と敵の両方のOODA ループを制御することで、負のループから抜け出すこともできます。

2 OODA ループはあなたの人生を変える「力」

OODA ループは、戦いにおいて、敵を打ち負かすためのツールであるだけでなく、変化する環境の中で、あなたや組織が成功するための核になる、まさに「エンジン」といえるような存在です。

OODA ループは、あなたの人生を変える力と可能性を秘めています。OODA ループを通して物事を見てみると、現在の出来事を理解し、他の方法では気づかなかった「成功」を手にすることができます。

FIGURE 21 データと情報と知識の関係

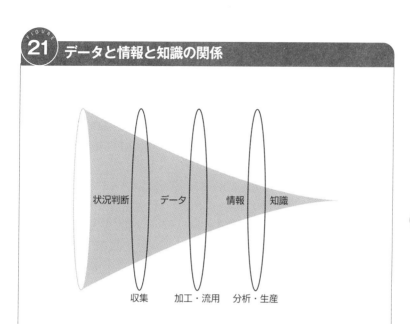

状況判断　データ　情報　知識

収集　加工・流用　分析・生産

FIGURE 22 意見と経験・感情・価値観の関係

意見は過去の経験、感情、価値観から形成されている

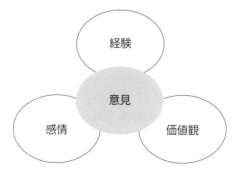

経験

意見

感情　　価値観

出所：https://logmi.jp/business/articles/324301 をもとに作成

あとがき

　最後までお読みくださり、大変ありがとうございました。本書では、まだ日本では馴染みの薄い「OODAループ」の時代背景から実際に活用するところまでを、様々な要素を入れて解説してきました。

　OODAループは元々、「軍事行動における指揮官の意思決定」を対象としていましたが、いまではこれに留まらず、シリコンバレーの起業家を中心に、世界のビジネスシーンで注目を浴び活用されるようになりました。また、官民を問わず組織経営や政治、個人の生活、人生などにおいても使用されるなど、あらゆる分野に適用できる「一般理論」として評価されています。

　OODAループは、「変化が激しく先の読みにくい時代に、速く的確に行動するための思考法」といえます。インターネットが発達し、誰もが簡単に情報へアクセスできるようになった現代では、消費者やユーザーの変化が速く、ニーズが掴みにくくなってきています。

　現代のような先の見通しがまったく立たず、**未来予測ができない不確実性の高い「VUCA時代」**において、いまあるもので判断して実行する、OODAループの思考法は必要不可欠で、重要な役割を果たすメソッドであると私は確信できます。

　OODAループは、「状況に合わせて柔軟に戦略を変えていく手法」で、PDCAサイクルに代わるフレームワークとして取り入れられています。特性や違いを理解した上で、PDCAサイクルと使い分けながら、OODAループを有効活用していきましょう。

　そして、なんといっても**OODAループの一番の特徴は、「改善までの意思決定の速さ」**です。変化の早い現代では、PDCAサイクルの「計画」を立てている間に環境や状況が変化してしまうことも起こり得ます。

PDCAサイクルでは、最初に立てた計画を重要視しているために、計画そのものが見当違いだった場合、後で立て直すことが困難になります。

　ほとんどの日本の企業は、未だにPDCAと定量的判断の呪縛から逃れられていません。無駄な年度計画やスピード感のない判断を排除できる経営層の勇気と訓練が必要になります。**OODAループは、「孫子の兵法」にも似た、「古くて新しい」メソッドです。実践するには、上司と部下の「信頼関係」が必要不可欠で**、組織文化として「阿吽の呼吸」といった現在では否定されがちなことが実は重要なのです。

　あなたがいま、先の読めない状況で何をすべきか悩んでいるとしたら、私は**「失敗」という多少の代償を払ってでもOODAループを迅速に回した方が望ましい**と考えています。何より、**事前の綿密な計画より、状況への対応の方が大事**だからです。

　企業も最後は、「組織」対「組織」の戦いなので、どうやって組織文化を作っていくのかが重要なのです。

　OODAループは、経営層から現場での判断まで幅広く用いることが可能です。正しく理解して実践することで、変化に柔軟に対応できる組織ができ、業務の意思決定をより素早く行うことができます。現場に行動を指示して管理する、いままでの現状から脱却して、迅速かつ正しい意思決定を行うためにも、ぜひOODAループの1巡目を強力に回し始めて有効活用してください。場面に合わせて使用することで、必ず目的を達成させるあなたの強い武器となります！　本書が、OODAループ活用の第一歩として、皆様の組織改革の一助として、お役立ていただけたら大変嬉しく思います。

2023年3月
<ruby>小澤隆博<rt>おざわたかひろ</rt></ruby>

アメーバ経営

アメーバ経営とは、京セラ名誉会長の稲盛和夫氏が提唱した、「組織を独立採算で運営する"アメーバ"に分け、それぞれのアメーバからリーダーを任命し、共同経営のような形で会社を経営する」という経営手法のこと。

α世代 (アルファせだい)

概ね2011年以降に生まれた世代のこと。2030年代から2040年代頃に、社会に進出する世代のことを指している。

OODAループ
(OODA Loop、ウーダ・ループ)

アメリカ空軍のジョン・ボイド大佐が提唱した理論。Observe（観察）・Orient（状況判断）・Decide（意思決定）・Act（行動）という4つのプロセスを繰り返す理論で、ビジネスシーンなどで使われているフレームワークのこと。元々は航空戦に臨むパイロットの意思決定を対象としていたが、ビジネスや政治など様々な分野でも導入されている。

OODAドミナンス

複数のOODAループを実行している際に「速いOODA」と「遅いOODA」が混在し、1つのOODAループが他のOODAループよりも速いスピードで回っていく状態のこと。

Web1.0

テキストを読んだり、メールをやり取りしたりする「一方通行のインターネット」時代のこと。

Web2.0

SNSに代表される、「情報の交換」「双方向コミュニケーション」のインターネット時代のこと。利用者自身が情報を発信・共有することが容易にできる。

Web3 (ウェブスリー)

中央集権的な管理者がいない、ブロックチェーン技術によって実現した分散型インターネットのこと。

演繹法 (えんえきほう)

「ルールや一般論」と「観察事項」の2つの情報から結論を導き出す思考法のこと。

オズボーンのチェックリスト

ブレーンストーミングの考案者である、A・F・オズボーンによる発想の法則で、項目に沿ったチェックリストをあらかじめ用意して、それらに答えることでアイデアを出していくという手法のこと。

OJT (オージェイティー)

On the Job Training（オンザジョブトレーニング）の略で、職場の上司や先輩が、部下や後輩に対し具体的な仕事を与えて、その仕事を通して指導することで、知識、技術などを身に付けさせる教育方法のこと。　　　か行

帰納法 (きのうほう)

帰納法は、複数の事実から共通点を抽出し、それを根拠に結論を導き出すという推論法のこと。

決定回避の法則

「選択肢が増えれば増えるほど人は選べなくなる」という心理効果のこと。

ゲーデルの不完全性定理

1930年頃にクルト・ゲーデルによって提唱された定理のこと。不完全性定理にも第一不完全性定理と第二不完全性定理がある。 **さ行**

サブスクリプション

「定期購読、継続購入」という意味があり、商品の購入代金やサービスの利用料を定期的に支払い、利用するコンテンツやサービスのこと。

ジャム理論

社会心理学者のシーナ・アイエンガーが「24種類のジャム」と「6種類のジャム」をスーパーでそれぞれ並べ、試食率と購入率を比較した理論のこと。

ジョン・ボイド

(John Richard Boyd 1927～1997)

アメリカ空軍のパイロットで、軍事戦略家でもあり意思決定方法のOODAループを発明した人物。どんなに不利な状況からであっても、40秒あれば形勢を逆転できたことから「40秒ボイド」の異名を持つ。

スタンドプレー

自分を強く見せようとしたり、世間の注目を集めようとして意識的に行う派手な行為のこと。

Z世代

ジェネレーションZとも呼ばれ、概ね1996年～2011年前後に生まれた世代のことを指す。生まれながらにして「デジタルネイティブ」である初の世代のことで、Y世代（＝ミレニアル世代）に続く世代であることから「Z」の名が付いている。

孫子の兵法

中国で春秋時代（紀元前500年ごろ）に、思想家孫武によって書かれたとされる兵法書のこと。古今東西の軍事理論書のうち、最も有名なものの1つであるといわれている。 **た行**

DAO（ダオ）

分散型自律組織と訳され、特定の管理者や所有者が存在していなくても、プロジェクトや事業が推進できる分散型の組織のこと。

DX（ディーエックス）

「デジタルトランスフォーメーション」の略で、企業が、ビッグデータなどのデータとAIやIoTをはじめとするデジタル技術を活用して、業務プロセスを改善していくこと。また、製品やサービス、ビジネスモデルそのものを変革するとともに、組織、企業文化、風土をも改革し、競争上の優位性を確立することを指す言葉。

デジタルネイティブ

生まれたときから、あるいは物心ついた頃から、携帯電話やパソコン、インターネットなどがある生活環境で育ってきた世代のこと。

トークスクリプト

営業活動において、顧客に対してどのような順序でどのような内容を話すのかを決めておくマニュアル（営業台本）のこと。

熱力学の第二法則

高温から低温へ熱は移動するが、その逆の変化は起こらず、「逆の変化を起こすためには、外からエネルギーを与えなければならない」という法則のこと。

は行

ハイゼンベルグの不確定性原理

1927年、ハイゼンベルグにより提唱された量子力学の根幹をなす有名な原理。電子などの素粒子では、その位置と運動量の両方を同時に正確に計測することができないとしている。

バートルテスト

ゲーム研究者であるリチャード・バートルが発案したテストで、プレイヤーの性格をRPG（ロールプレイングゲーム）のプレイスタイルから予想し「アチーバー」「エクスプローラー」「ソーシャライザー」「キラー」の4つのカテゴリーに分類するテストのこと。

ヒエラルキー

階層的構造を意味する言葉であり、基本的には社会におけるピラミッド型の「階級的組織構造」を指す意味で用いられる。

ヒックの法則

選択肢が多ければ多いほど、選択肢の数に比例して、どれを選ぶか決める時間も相対的に増えてしまうという法則のこと。

ビジネスモデルキャンバス

ビジネスモデルを視覚的に表現したものであり、ビジネスの構造を整理して設計図のような状態にするフレームワークのこと。

ピラミッドストラクチャー

米国の大手コンサルティング会社が開発した、主張や結論とその根拠をピラミッド状に図式化するフレームワークのこと。自分が伝えたい主張と、その根拠となる事実を図式化して整理し、話の流れを論理的に組み立てるための手法。

フラクタル構造

全体の形と、一部を切り取ったものを比べても似たような形になっている構造のことで、「自己相似性」という特殊な性質を有する幾何学的構造のこと。

フレームワーク（Framework）

問題解決・分析・意思決定などを行う際に、効率を上げるため特定の型に落とし込み、共通して用いることができる考え方のこと。

ブレーンストーミング

A・F・オズボーンによって考案されたもので、限られた時間内に自由に意見を出し合うことで、新たな発想を生み出したり、いろいろなアイデアを昇華させたりする会議手法のこと。

ブロックチェーン

「インターネットに接続している全員が履歴を持つ」ことにより、改ざんしにくく、情報の透明性だけではなく、セキュリティを向上させ、ユーザー同士が相互に管理する「分散型の仕組み」のこと。

PDCAサイクル

Plan（計画）➡ Do（実行）➡ Check（評価）➡ Action（行動）を行い改善をしていくサイクルのこと。

VUCA（ブーカ）

Volatility（変動性）・Uncertainty（不確実性）・Complexity（複雑性）・Ambiguity（曖昧性）の4つの単語の頭文字をとった造語のこと。元々アメリカで使われていた軍事用語だが、変化が激しく先行きが不透明な社会を表す言葉として、ビジネスでも利用されている。

報・連・相（ほうれんそう）

仕事をスムーズに進めるために欠かせない「報告」「連絡」「相談」を省略したビジネス用語のこと。　ま行

マインドマップ

トニー・ブザンが提唱する、思考の表現方法で、1つの主題を中心として関連する言葉を放射状に拡大した図のこと。頭の中で考えていることを脳内に近い形に描き出すことで、記憶の整理や発想がしやすくなる。

メンタルモデル

人間が自覚なしに対象に持っている、思い込みや価値観のこと。

マンダラート

曼荼羅（マンダラ）模様のようなマス目にアイデアを書き込み、思考を広げたり整理したりするもの。　マス目が仏教に登場する曼荼羅模様に似ているため、「曼荼羅」と「アート」を組み合わせた名前となっている。

ヤーキーズ・ドットソンの法則

人間は高すぎず低すぎない適度な緊張状態（ストレス）のとき、パフォーマンスが向上し、緊張状態（ストレス）が過剰になる、または不足するとパフォーマンスが低下するという生理心理学の法則のこと。　　　　　ら行

ランチェスター戦略

第一次世界大戦時、イギリスのフレデリック・ランチェスター氏が提唱した戦闘法則「ランチェスターの法則」を元に戦後、田岡信夫氏が販売戦略としてビジネスに応用した経営戦略のこと。

ロジックツリー

1つの物事に対して問題や原因などを細分化し、どのような要素から構築されているのかなどを分析し、ツリー状に書き出すことで、問題に対しての具体的な解決策を導き出すフレームワークのこと。

●**数字・記号**

MEMO

●著者紹介

小澤 隆博（おざわ・たかひろ）

Bewish Co., Ltd. 代表取締役
Reiwa Marketing Solutions Co., Ltd. 代表取締役

リアルサロンチェーン11店舗の会社とWebマーケティングを主とするIT会社を経営する起業家。自らも、リアル店舗とWebの融合を「OODAループ」を通して実践している。また、経営コンサルタントとして、「OODAループ」を利用した利益向上のノウハウをコンテンツ化し、興味ある方々に教えている。

今話題のNFT、DAO、暗号資産、メタバース、DeFiなど、Web3系の近未来ビジネスについて学び、稼ぐことを目指すグループ「Web3総合ビジネスサロン」なども主宰。

高校生のとき、司馬遼太郎の『竜馬がゆく』を読み、田舎の次男坊に生まれた冴えない子どもが激動の時代に維新回天の立役者にまで上りつめるまでを描いた壮大なストーリーを自分と重ね、自分にも大きなことができると夢想し、「社長になりたい」という強い意志を持つ。15歳のときから成功哲学を学び、成功者の研究を行い、自己の能力開発に現在まで3,000万円以上を投資し、成功と幸せの原理原則やビジネスオーナーとしての考え方を学ぶ。

外資系企業の海外勤務中のアメリカで、サロンビジネスに出会い、帰国後27歳で起業、30歳でFIREを達成する。

リアル店舗経営には珍しく、会社創立以来、20期連続で無借金・黒字経営を達成し、目標を達成し続けている。

経営はすべてシステム化し、安定的な収益でストレスフリーな毎日を送っている。2005年からは起業家支援育成と理美容室・イタリア料理店・居酒屋・パン屋・ラーメン屋・エステサロン・小売店・ネイルサロン・不動産会社などの店舗開発、黒字化指導に携わる。

机上の空論ではない実践ベースに基づいた、独自に開発したプログラムを使い、「お店の利益を月100万円アップさせる」店舗黒字化コンサルティングを得意とし、28業種の経営者381人の店舗開発からWebマーケティングまでを指導し、利益向上率平均2.3倍の実績で、短期間で圧倒的な成果を出すのが特徴。

「幸せで自由な経営者」を増やすべく、主催の「商売繁盛実践塾」はビジネススクールで400人、講演会で1,000人以上の受講者が全国から訪れている。数少ない自ら実店舗経営する「実践型コンサルタント」として、自分自身の成功ノウハウを教えながら、生徒にも起業・独立を果たさせるセミナー講師として、その指導力と講演会の楽しさには定評がある。

手掛ける事業は、理美容室の経営・FCチェーン事業・店舗コンサルティング事業・Webマーケティング事業・起業支援育成コンサルタント・輸入販売の貿易事業・国内転売事業・サイトM&A事業・セミナー事業・不動産事業と多岐にわたる。

現在は、若者の貧困・ワーキングプア・老後破産等の社会問題解決に取り組む社会起業家としても活躍している。

著書に、
『NFT実践講座』（秀和システム）
『DAOの衝撃』（明日香出版社）
『30分でよくわかる！Web3の稼ぎ方！』（彩流社）
『ヘアカット専門店 成功の極意』（麻布書院）
『なにがあっても潰れない 店舗経営の最強スキル2.0』（ごま書房新社）
等がある。

●小澤隆博オフィシャルサイト

https://bewish.xyz/

●小澤隆博公式LINE

こちらより無料でご質問等を頂くこともできますので、
お気軽にご連絡ください！
https://lin.ee/ypZzfjw　（または ID: @vak4621r より LINE 検索）

うまく LINE に連絡できない場合は、こちらのメールアドレスへご連絡ください。
bewish038@gmail.com

▲筆者の講演の様子

図解ポケット
OODAがよくわかる本

発行日	2023年3月15日	第1版第1刷

著者 小澤 隆博

発行者 斉藤 和邦
発行所 株式会社 秀和システム
〒135-0016
東京都江東区東陽2-4-2 新宮ビル2F
Tel 03-6264-3105 (販売) Fax 03-6264-3094
印刷所 三松堂印刷株式会社　　　　　　Printed in Japan
©2023 Takahiro Ozawa

ISBN978-4-7980-6891-6 C0034